Denkanstöße 2017

52 Denkimpulse
für
52 Wochen
Deines Lebens

anregend – konstruktiv – hilfreich

Aribert Böhme

Impressum

Alle Rechte liegen beim Autor
Düsseldorf, im Herbst 2016
E-Mail: Psychologische_Beratung_Boehme@gmx.de
Herstellung und Verlag: B o D - Books on Demand,
Norderstedt
ISBN: 9783848215546
3. Auflage

Bibliografische Information der Deutschen
    Nationalbibliothek

   Die Deutsche Nationalbibliothek verzeichnet
   diese Publikation in der Deutschen
   Nationalbibliografie; detaillierte
   bibliografische Daten sind im Internet über
   http://dnb.d-nb.de abrufbar.

Der Autor:

Aribert Böhme, Freiberufler seit 1988, bietet Dienstleistungen in folgenden Bereichen:

- Psychologische Beratung (Lernpsychologie, Familienpsychologie, Lebensberatung)
- Lerncoaching (Fernlehrgänge z. B.: SGD, ILS in den Fachbereichen Psychologische Beratung, Psychotherapie für Heilpraktiker usw.)
- Implementierung von Texten für Sachbücher in den Bereichen: Lernpsychologie, Psychologie, Pädagogik, EDV, Gesellschaft, Lebensweisheiten
- Coaching für Seniorinnen & Senioren (z. B. Gedächtnistraining)

Im Rahmen seiner freiberuflichen Dozententätigkeit hat der Autor bis dato (2016) ca. 9000 TeilnehmerInnen im Fachbereich EDV bei diversen, namhaften Instituten unterrichtet.

In seiner Funktion als Psychologischer Berater (SGD-Dipl.) bietet der Autor regelmäßig Klientensitzungen vor Ort für hilfesuchende Menschen in den Bereichen: Lebensberatung, Konfliktberatung, Familien-psychologie, Schulpsychologie sowie Lernpsychologie, an.

Bis dato (2016) hat der Autor 20 Sachbücher im thematischen Umfeld der EDV, der Lernpsychologie, der Pädagogik, der Gesellschaftskritik sowie der Lebensweisheiten, publiziert (inkl. einiger Auslandslizenzen für Frankreich, Polen und Russland).

Seminare und Vorträge zu den Themen Motivationscoaching, Lernpsychologie, Lerntechniken, bietet der Autor sowohl als Firmenschulungen, wie auch als Privatseminare vor Ort an. Anfragen bitte grundsätzlich per E-Mail an:

Psychologische_Beratung_Boehme@gmx.de

Im Rahmen der Implementierung des vom Autor entwickelten NEURONET 2.0, mit dessen Hilfe Prognosen für Sportwetten erstellt werden können, erfolgte in den Jahren 2001 und 2002 eine ehrenvolle Aufnahme in die Who-is-Who-Lexika, Deutschland & Europa.

Düsseldorf, im Herbst 2016

Vorwort

Mit Blick auf die große Resonanz des Buchtitels *„Denkanstöße für kluge Köpfe"*, aus dem Jahr 2014, liegt hier nun eine Fortsetzung vor, die nahtlos anknüpft an das schon bestehende Konzept.

Die Idee zur Gestaltung dieses Fortsetzungsbandes entstand aus der Erkenntnis heraus, dass viele kluge Denkanstöße eine Art „konzentrierter Information" enthalten.

Für viele der hier gesammelten Denkanstöße gilt, dass sich daraus problemlos vollständige Bücher entwickeln ließen, denn die Tiefe und Komplexität der in vielen Denkanstößen enthaltenen Ideen ist mitunter sehr groß.

Denkanstöße verstehen sich im Regelfall als ein Extrakt, der sich aus unterschiedlichen Quellen speist: Gelebtes Leben, gezieltes Nachdenken sowie nicht zuletzt aus Ahnungen, die sich manchen Menschen zuweilen in unterschiedlicher Art und Weise präsentieren; z. B. auch in eigenen Träumen.

Die in diesem kleinen Büchlein zusammengestellten Denkanstöße basieren auf Ideen diverser Philosophen und Zeitgenossen aus unterschiedlichen Epochen. Allen gemeinsam ist, dass sie zum eigenen Nachdenken anregen.

Zentrales Merkmal dieses Fortsetzungsbandes ist, dass alle Denkanstöße erklärt bzw. interpretiert werden; teils theoretisch, teils anhand konkreter Lebenssituationen aus unserer Alltagswelt.

Wichtig zu wissen ist, dass sich alle hier dargebotenen

Interpretationen lediglich als „Angebote" verstehen, selbst nachzudenken. Keinesfalls erheben die hier vorgestellten Interpretationen einen Anspruch auf „der Weisheit letzter Schluss zu sein". Vielmehr sollen interessierte und engagierte Leserinnen und Leser dazu angeregt werden, die hier angebotenen Denkanstöße anhand eigener Lebenserfahrungen zu reflektieren, um somit ein tieferes Verständnis von den Dingen zu erlangen.

Es liegt in der Natur der Sache, dass vermutlich einige der hier vorgestellten Interpretationen auf Zustimmung, andere auf Widerspruch treffen. Dies mag u. a. daran liegen, dass jeder Mensch – aus verständlichen Gründen – über eine unterschiedliche Biographie verfügt, die dazu führen kann, ein und denselben Denkanstoß ggf. sehr unterschiedlich auszulegen. Daran ist nichts falsch; im Gegenteil, eine intensive Auseinandersetzung mit den hier angebotenen Interpretationen schärft das eigene Denkvermögen, und trägt nicht zuletzt zu einer differenzierteren Sichtweise bei. Provokationen – im positiven Sinn – sind durchaus gewollt.

Soweit es möglich ist werden die Quellen der vorgestellten Denkanstöße namentlich aufgeführt. Zuweilen ist es aber auch so, dass sich einige Zitate nicht zweifelsfrei zuordnen lassen, so dass diese dann unter der Rubrik „unbekannt" aufgeführt werden. Schlussendlich ist es eher zweitrangig, zu wissen, ob ein Zitat aus einer Quelle x oder y stammt; entscheidend ist vielmehr sich mit den transportierten Inhalten zu befassen.

In diesem Sinne wünsche ich allen Leserinnen und Lesern vergnügliche und erhellende Stunden beim aufmerksamen Studium der hier vorgestellten Denkanstöße.

Düsseldorf, im Herbst 2016

Aribert Böhme

Nr.	Lebensweisheit
1	Fürchte dich nicht vor Veränderung eher vor dem Stillstand. (Laotse)
2	Das Geben verwandelt den Drang eines Menschen, grausam zu sein, in herzliche Güte. Dies ist der wichtigste Dienst des Gebens. (Nachman von Braclaw 1772-1810, Rabbiner und Erzähler)
3	Wer absolute Klarheit will, bevor er einen Entschluss fasst, wird sich nie entschließen. (Henri Fréderic Amiel 1821-1881, Schweizer Philosoph, Schriftsteller)
4	Ein Herz, das seine Worte nicht sorgfältig abwägt, lässt dich etwas aussprechen, was dein Nachbar niemals vergessen wird. (Afrikanische Weisheit, Volk der Ganda)
5	Wenn du es eilig hast, gehe langsam. (Buddhistische Weisheit)
6	Wenn die Achtsamkeit etwas Schönes berührt, offenbart sie dessen Schönheit. Wenn sie etwas Schmerzvolles berührt, wandelt sie es um und heilt es. (Zen Buddhismus)
7	Die Weisheit des Lebens besteht im Ausschalten der unwesentlichen Dinge. (aus China)
8	Wer einen Fehler begangen hat und ihn nicht korrigiert, begeht einen weiteren Fehler. (Konfuzius 551-479, chinesischer Philosoph)
9	Ist man in kleinen Dingen nicht geduldig, bringt man die großen Vorhaben zum Scheitern. (Konfuzius 551- 479, chinesischer Philosoph)

10	Wer keine Zukunft hat, redet über die Vergangenheit! (Indische Weisheit)
11	Nur die allergescheitesten Leute benützen ihren Scharfsinn zur Beurteilung nicht bloß anderer, sondern auch ihrer selbst. (Lebensweisheit)
12	Vorstellungskraft ist wichtiger als Wissen. (Albert Einstein 1879-1955, deutsch-schweiz. Physiker)
13	Verantwortlich ist man nicht nur für das, was man tut, sondern auch für das, was man nicht tut. (Chinesische Weisheit)
14	Besser auf neuen Wegen etwas stolpern als in alten Pfaden auf der Stelle zu treten. (Chinesische Weisheit)
15	Willst du die Welt verändern, gehe dreimal durch dein eigenes Haus. (Chinesische Weisheit)
16	Wer ein schlechtes Gedächtnis hat, wird nicht darum herum kommen, seine Fehler zu wiederholen. (Indische Weisheit)
17	Nur der Unwissende wird böse. Der Weise versteht. (Indische Sprichwörter)
18	Es gibt Leute, die machen dich glücklich, wenn sie kommen und solche, die machen dich glücklich, wenn sie gehen. (Bretonisch)
19	Man muss das Leben den Jahren hinzufügen und nicht die Jahre dem Leben. (Französisches Sprichwort)
20	Bildung macht frei, ja! Aber nur die gleichzeitige Bildung von Kopf und Herz. Es scheint an der Zeit, diese alte Wahrheit immer wieder aufs

	Neue zu predigen, bis sie die Spatzen von den Dächern zwitschern. (Gerhard von Amyntor 1831-1910, deutscher Schriftsteller)
21	Wir sind ein einziges mal geboren. Zweimal geboren zu werden ist nicht möglich. Die ganze Ewigkeit werden wir nicht mehr sein. Du aber bist nicht Herr des morgigen Tages und verschiebst immerzu das Erfreuende. Das LEBEN geht mit Aufschieben dahin, und jeder von uns stirbt, ohne Muße gefunden zu haben. (Epikur ca. 341-271 v. Chr., griechischer Philosoph)
22	Du kannst die Wellen nicht anhalten, aber du kannst lernen, auf ihnen zu reiten. (Joseph Goldstein)
23	Wahre Freunde kann man nicht kaufen, denn sie kommen von selbst und sind unbezahlbar.
24	Ignoranz ist die Kunst, mit offenen Augen nicht sehen zu wollen.
25	Lieber ein bis zwei wahre Freunde, statt zehn falsche.
26	Zeit ist kostbar, also verbringe sie mit den richtigen Menschen.
27	Die einzige Möglichkeit, etwas vom Leben zu haben, ist, sich mit aller Macht hineinzustürzen! (Angelina Jolie)
28	Kein Mensch war ohne Grund in deinem Leben. Der eine war ein Geschenk. Der andere eine Lektion.
29	Mit jeder Minute, in der du wütend bist, verlierst

	du 60 Sekunden Fröhlichkeit!
30	Wenn man etwas nicht einfach erklären kann, hat man es nicht verstanden. (Albert Einstein)
31	Den richtigen Weg gehst du erst dann, wenn du den Anderen nicht mehr hinterher läufst.
32	Und was machst du mit deinem geregelten Leben, wenn du feststellst, dass du zu viel regelst, statt lebst?
33	Die Körpersprache ist die deutlichste Sprache!
34	Du musst die Vergangenheit loslassen, damit die Zukunft eine Chance hat.
35	Es sind nicht die Glücklichen, die dankbar sind, sondern die Dankbaren, die glücklich sind.
36	Das beste Geschenk, das du jemandem machen kannst, ist deine Zeit, deine Aufmerksamkeit und deine Liebe.
37	Wer anfängt zu schweigen, spricht härter mit einem Menschen, als es Worte je tun könnten.
38	Das Leben hat mir viele Lektionen erteilt. Die wichtigste, die ich niemals vergessen werde, ist die Dankbarkeit! (Önder Demir)
39	Das Vertrauen ist eine zarte Pflanze. Ist es zerstört, so kommt es so bald nicht wieder.
40	Im Alter bereust du vor allem die Sünden, die du nie begangen hast.
41	Man meistert seine Zukunft mit den Erfahrungen der Vergangenheit.
42	Hoffnung ist eine Flamme, die ständig flackert,

	aber nie erlischt.
43	Genieße den Moment, bevor er zur Erinnerung wird.
44	Man sollte nie im Streit auseinandergehen, denn man weiß nicht, was morgen passiert.
45	Lerne zu schätzen, was du hast, bevor du es verlierst.
46	Kleine Dinge im Leben sind die größten Geschenke, auch wenn es nur das Lachen eines Kindes ist, denn man kann sicher sein, dass es echt ist.
47	Menschen ersetzen dich, und tun so, als wäre nichts geschehen.
48	Der brüllende Mensch möchte gefährlich wirken, doch der schweigende Mensch kann gefährlich sein.
49	Leben ist das, was passiert, während du eifrig dabei bist, andere Pläne zu machen. (John Lennon)
50	Du siehst die Welt nicht so wie sie ist, du siehst die Welt so wie du bist. (Mooji)
51	Das Leben ist wie eine Ballonfahrt. Manchmal muss man erst Ballast abwerfen, um wieder steigen zu können.
52	Das Leben ist nicht zu Ende, nur weil ein Traum nicht in Erfüllung geht. Es hat nur einen Weg versperrt, damit man einen anderen wählt.

01. Fürchte dich nicht vor Veränderung, eher vor dem Stillstand. (Laotse)

Vielleicht hast du auch schon einmal folgende Spruchweisheit gelesen oder gehört:

„Das einzig Beständige auf dieser Welt ist die Veränderung."

Mag diese Aussage auf den ersten Blick zunächst widersinnig erscheinen, so ist sie dennoch unbestreitbar wahr. Warum?

Nun, nichts in dem bisher bekannten Universum ist von unbegrenzter Dauer. Beginnend bei den kleinsten Strukturen im Mikrokosmos, die nur mittels technischer Hilfsmittel für Menschen sichtbar gemacht werden können, über makroskopische Objekte – z. B. Lebewesen jeglicher Art – bis hin zu den größten bisher entdeckten Strukturen astronomischen Ausmaßes – z. B. Galaxienhaufen – allen gemeinsam ist, dass sie einer permanenten Veränderung ausgesetzt sind.

Warum haben viele Menschen oftmals den Eindruck, es gebe so etwas wie eine zeitlose Beständigkeit? Im Kern dürfte es wohl daran liegen, dass die menschliche Perspektive – sowohl inhaltlich, wie auch zeitlich – arg begrenzt ist.

Aus menschlicher Perspektive betrachtet mag der Zeitraum eines menschlichen Lebens von vielleicht 70, 80, 90 oder gar 100 Jahren ein langer Zeitraum sein. Gemessen an der Gesamtkonstruktion schrumpft ein solcher Zeitraum zu einem mikroskopischen Nichts zusammen. Was sind schon 100 Jahre im Verhältnis zu den schon bisher etwa 13,7 Milliarden Jahren

Entscheidend ist, zu verstehen, dass sich Veränderungen auf allen Ebenen oftmals in Zeiträumen abspielen, die sich menschlichen Empfindungen vollständig entziehen. Faktisch ändert das jedoch nichts daran, dass auch das menschliche Leben permanenten Veränderungen unterworfen ist, die sich durch keine noch so trickreichen Manipulationen verhindern lassen.

Von daher ist es klug und hilfreich, anzuerkennen, dass auch jeder Mensch fortwährenden Veränderungen unterliegt. Anstatt sich einer solchen elementaren Erkenntnis mit allerlei Mitteln und Methoden zu widersetzen, ist es klüger und hilfreicher, im Strom der Zeit mitzuschwimmen. Jeder Versuch, sich dieser fundamentalen Erkenntnis zu widersetzen, ist schon im Ansatz zum Scheitern verurteilt.

Wie albern und hilflos zugleich wirken beispielsweise vielfach angepriesene Methoden einer Anti-Aging-Industrie, die leichtgläubigen Menschen zu suggerieren versucht, der „Zahn der Zeit" ließe sich aufhalten? Klüger und zielführender ist es, zu erkennen, dass auch jeder Mensch eingebunden ist in „das große Ganze", und somit zwangsläufig auch den Spielregeln des Universums unterliegt.

Gäbe es keine Veränderungen, gäbe es auch kein Leben. Das Eine ist ohne das Andere nicht zu haben. Fürchten solltest du dich also nicht vor Veränderungen in deinem Leben, sondern vielmehr vor einem Stillstand, der letztlich nichts anderes bedeutet als Erstarrung und Tod.

Bedenke, wie schrecklich wäre es, müsstest du in einem Zustand verharren, der sich schlecht für dich anfühlt, und es gäbe keine Chance auf Veränderung? Möchtest du das?

Sei froh, dass Veränderungen auch zu deinem Leben gehören, denn sie bieten dir die Chance, festgefahrene Strukturen aufzubrechen, um somit perspektivisch einen besseren und schöneren Weg gehen zu können.

02. Das Geben verwandelt den Drang eines Menschen, grausam zu sein, in herzliche Güte. Dies ist der wichtigste Dienst des Gebens. (Nachman von Braclaw 1772-1810, Rabbiner und Erzähler)

In leicht abgewandelter Form ließe sich auch sagen: „Geben ist seliger, denn nehmen."

Wie heißt es doch gleich: „Glück gehört zu den wenigen Dingen, die sich vermehren, wenn du sie teilst.".

Ein Mensch, der den Drang in sich verspürt, anderen Menschen etwas geben zu wollen, wird zumeist von der Erkenntnis geleitet, dass diese Welt sehr viel schöner und friedlicher sein könnte, gäbe es mehr Menschen, die die ihnen geschenkten Gaben mit anderen Menschen teilen möchten.

Ist es nicht ein wunderbares Gefühl, zu erleben, welche Freude du schon mit vergleichsweise kleinen Gaben bei anderen Menschen auslösen kannst? Dabei muss es sich keineswegs immer und automatisch um materielle Dinge handeln. Vielmehr sind es oftmals vermeintlich unscheinbare Gesten, die eine heilsame Wirkung haben können.

Ein liebes Wort, geschenkte Zeit, ein freundlicher Blick, ein achtsames und wertschätzendes Zuhören sind Geschenke, die du deinen Mitmenschen machen kannst. Die Konsequenzen solcher vermeintlich „kleinen Geschenke" solltest du niemals unterschätzen, da deren Wirkung oftmals sehr viel intensiver und nachhaltiger sein können, als vordergründig „materiell wertvolle" Geschenke, denen jedoch ein menschlicher Tiefgang fehlt.

Prüfe sorgsam und selbstkritisch, ob deine Motivation beim Schenken nicht vielleicht im Kern daraus resultiert, hintergründige Ziele erreichen zu wollen? Es wäre ebenso unsinnig wie scheinheilig, wollte man ernsthaft bestreiten, dass es nicht sehr wohl auch unehrenhafte Motive des Schenkens gibt. Jedoch darf und sollte dich das nicht davon abhalten, Ausschau danach zu halten, wie du anderen Menschen auf unterschiedlichste Art und Weise eine Freude bereiten kannst.

Nicht zuletzt die psychologische Forschung hat klar nachgewiesen, dass sowohl die Beschenkten, als auch diejenigen, die schenken, davon profitieren, wechselseitig Geschenke zu machen.

Wenn du anderen Menschen etwas schenkst, beschenkst du dich somit auch selbst, da der Prozess des Schenkens automatisch auch gute Gefühle erzeugt.

Ja, nicht jedes Schenken ist automatisch altruistisch motiviert. Das muss es auch nicht sein. Entscheidend ist, zu erkennen, dass wir alle miteinander diese Welt ein Stück weit freundlicher und menschlicher gestalten können, indem wir die Kraft des Schenkens nicht unterschätzen.

Entscheidend ist in diesem Zusammenhang weniger der materielle Wert eines Geschenks, als vielmehr die Geste als solche.

Getreu dem Motto „Steter Tropfen höhlt den Stein", lässt sich feststellen: An jedem Tag ein freundliches Wort, eine hilfreiche Geste, ein wertschätzendes Gespräch sind letztlich sehr viel wertvoller, als beispielsweise ein materiell teures Geschenk zu einem

„besonderen" Anlass, der vielleicht nur einmal im Leben vorkommen mag.

Erkenne, dass du dir selbst etwas Gutes tust, indem du andere Menschen im Rahmen deiner Möglichkeiten beschenkst. Sei froh und dankbar dafür, dass du mit dazu beitragen kannst, diese oftmals menschlich so unterkühlte Welt ein wenig freundlicher zu gestalten. Jetzt!

03. *Wer absolute Klarheit will, bevor er einen Entschluss fasst, wird sich nie entschließen. (Henri Fréderic Amiel 1821-1881, Schweizer Philosoph, Schriftsteller)*

Ausgangspunkt dieser Überlegung könnte eine Erkenntnis sein, die zwar zunächst desillusionierend ist, die jedoch oftmals einen hohen Wahrheitsgehalt transportiert, der da lautet:

„Das Einzige, was sicher ist, ist, dass nichts sicher ist."

Es ist menschlich verständlich, wichtige Entscheidungen, vor allem solche, die eine perspektivisch umfangreiche Tragweite haben, sorgsam und vollständig abwägen zu wollen. Allerdings wird dabei leider oftmals übersehen, dass letztlich jede Entscheidung durch eine nicht zu überschauende Anzahl von „Störfaktoren" beeinflusst wird, die kein Mensch – auch du nicht – auch nur annähernd vollständig überblicken kann.

Achte darauf, dass es dir nicht so geht wie einem oftmals zitierten Esel, der vor einem vollen Kühlschrank verhungert ist, da er sich infolge der großen Auswahl an Lebensmitteln nicht entscheiden konnte, was er nun fressen sollte?!

Im übertragenen Sinn bedeutet das: Bedenke, dass es in den meisten Fällen klüger und effektiver ist, eine Entscheidung zu treffen, die vielleicht nur 90 Prozent der wünschenswerten Randbedingungen erfüllt, als gar keine Entscheidung zu treffen.

Menschen, allen voran Perfektionisten, verschwenden nicht selten unverhältnismäßig viel Zeit und Energie darauf, Entscheidungen zu treffen, von denen sie denken, sie erfüllten 100 Prozent der wünschenswerten Randbedingungen. Allerdings ist das in den allermeisten Fällen ein Trugschluss ernsthaft zu glauben, dies sei möglich.

Warum denken und handeln manche Menschen gemäß einer solchen Maxime, bei der schon im Ansatz klar ist, dass sie scheitern wird? Nun, die psychologische Forschung hat gezeigt, dass sich hinter einem letztlich unerfüllbaren Wunsch von Perfektionisten, jede Entscheidung nur dann treffen zu können, wenn 100 Prozent der Zielvorstellung erfüllt werden, tiefe Ängste verbergen.

Das Leben, und insbesondere auch das menschliche Leben ist grundsätzlich und sprichwörtlich „lebensgefährlich". Wie immer du auch deine Entscheidungen triffst, schlussendlich wirst du nicht um die Erkenntnis umhin kommen, dass auch du sterblich bist. Dies zu akzeptieren bedeutet zunächst einmal für jeden Menschen eine bittere Erkenntnis.

Das entscheidende Manko, dem sich vor allem Perfektionisten ausgesetzt sehen, besteht im Kern darin, diese ebenso unbestreitbare wie unausweichliche Tatsache nicht akzeptieren zu können. Anstatt zu begreifen, dass es erheblich klüger ist, zuweilen auch solche Entscheidungen zu treffen, die „nur" als zweite Wahl verstanden werden können, investieren Perfektionisten immer wieder unverhältnismäßig viel Energie in ein hoffnungsloses Unterfangen, auf der Suche nach einer stets perfekten Entscheidung, die es jedoch nur in den allerwenigsten Fällen geben wird.

Nicht zuletzt im Umfeld der Schachprogrammierung hat

sich gezeigt, dass heuristische Suchverfahren zumeist erheblich effektiver sind, als solche Algorithmen, die grundsätzlich hundertprozentige Lösungen anstreben.

Bedenke, nahezu immer ist es besser, du triffst überhaupt eine Entscheidung in dem Wissen, dass sie nicht allen denkbaren Randbedingungen entspricht, anstatt schier endlos zwischen Verzweiflung und Nichtstun hin und her zu schwanken. Genau das ist nämlich massiv kräftezehrend und frustrierend.

04. Ein Herz, das seine Worte nicht sorgfältig abwägt, lässt dich etwas aussprechen, was dein Nachbar niemals vergessen wird. *(Afrikanische Weisheit, Volk der Ganda)*

Wie heißt es doch gleich: „Zwei Dinge lassen sich nicht mehr zurückholen, sobald sie dich verlassen haben: Ein abgeschossener Pfeil, und unachtsam ausgestoßene Worte."

Bedenke, dass die Sprache – im Guten, wie im Schlechten – eine enorme Macht hat.

Einerseits können achtsam gewählte Worte eine sehr heilsame Wirkung bei deinen Mitmenschen auslösen. Andererseits haben unachtsam gewählte Worte nicht selten eine destruktive Kraft, mit denen du andere Menschen sehr verletzen kannst.

Leider wird viel zu oft vergessen, dass Menschen nicht nur durch Waffen im klassischen Sinn (z. B. Schusswaffen) verletzt bzw. getötet werden, sondern oftmals auch durch eine der mächtigsten Waffen überhaupt: die Sprache.

Dass es sich hierbei keineswegs um einen marginalen Nebenschauplatz handelt, der sich leichtfertig ignorieren lässt, zeigen auch und vor allem unzählige Beispiele aus der Lebenswirklichkeit vieler Menschen, die durch unachtsame sowie oftmals bewusst verletzend eingesetzte Sprache empfindlich in ihrer Seele geschädigt werden.

Nicht ohne Grund steigen die Fallzahlen typischer psychischer Störungen seit geraumer Zeit nachweislich rapide an, in deren Rahmen viele Menschen dem nicht selten verrohten und destruktiven Druck heutiger Sprache nicht mehr standhalten.

Schlussendlich ist es irrelevant, ob destruktive Sprachmuster primär aus Unachtsamkeit oder mehr auf der Grundlage bösartiger Motive verwendet werden. So oder so ist eine destruktive Sprache ein schleichendes Gift, das unaufhaltsam das Denken und Handeln von Menschen zersetzt.

Bedenke, dass du durch die Wahl deiner Worte über ein mächtiges Werkzeug der Kommunikation verfügst, das entweder Gutes und Heilsames bewirken kann, oder leider auch viel Leid über deine Mitmenschen bringen kann. Wähle deine Worte sorgsam, und achte bewusst darauf, destruktive Impulse wahrzunehmen, die dir zuflüstern wollen, es sei schon nicht so schlimm, wenn du anderen Menschen gegenüber eine wenig achtsame Sprache verwendest. Doch, es ist schlimm, da die Sprache entscheidend dein Denken prägt – und umgekehrt.

Sei klug, und erkenne, wie dumm und perspektivisch unverantwortlich es ist, Sprache achtlos und destruktiv zu verwenden.

Die psychologische Forschung sowie unzählige Beispiele aus der täglichen Praxis belegen klar, dass auch und vor allem destruktive Sprachmuster, denen Kinder und Jugendliche ausgesetzt werden, nicht selten lebenslange Konsequenzen nach sich ziehen, mit denen Menschen nicht selten empfindlich überfordert werden. Ist eine destruktive Saat erst einmal gesät, lassen sich die zerstörerischen Folgen oftmals entweder gar nicht mehr, oder nur unter erschwerten Bedingungen korrigieren.

Immer wieder ist zu beobachten, dass Menschen dann im weiteren Verlauf ihres Lebens vernebelnde Rationalisierungen bemühen, um damit traumatische Erfahrungen aus der Kindheit und Jugendzeit kompensieren zu können. Objektiv destruktive Erfahrungen werden dabei aus Gründen eines vermeintlichen Selbstschutzes „schöngeredet", auf der Grundlage des zumeist unbewussten Motivs, erlittenen Schmerz nicht mehr spüren zu müssen. Wehret den Anfängen!

05. *Wenn du es eilig hast, gehe langsam.*
(Buddhistische Weisheit)

So widersinnig dieser Spruch auf den ersten Blick auch erscheinen mag, so wahr ist er dennoch.

Beobachte Menschen in deinem Umfeld, und du wirst feststellen, dass heutzutage sehr viele Menschen von einer auffälligen Hektik angetrieben werden, die nicht selten dazu führt, dass sich schleichend und konsequent diverse Krankheitssymptome zeigen, die oftmals darauf zurückzuführen sind, dass sich viele Menschen nur noch als Getriebene erleben.

Entscheidungen, die du auf der Grundlage einer latent vorhandenen Hektik triffst, werden oftmals alles andere als klug und gut für dich sein.

Hilfreicher ist es, wenn du in Situationen, die von Hektik und Ungeduld geprägt sind, bewusst Distanz schaffst. Das kann einerseits bedeuten, dass du bewusst räumlichen Abstand suchst. Andererseits jedoch auch emotionalen Abstand.

Solange dein Denken und Handeln von Hektik geprägt ist, wirst du zumeist nicht das in dir grundsätzlich vorhandene Potenzial ausschöpfen können. Hektik irritiert und lähmt dein Denken, so dass du darauf achten solltest, dich von Hektik fernzuhalten.

Sehr oft entwickeln hektische Situationen eine unheilvolle Eigendynamik, der du dich dann nicht mehr entziehen kannst.

Sei klug, und setz' bewusst achtsame und beruhigende Gegenakzente in unserer oftmals hektischen und krankmachenden Zeit. Oftmals wirst du dann die wohltuende Erfahrung machen können, dass sich die von dir ausstrahlende Ruhe und Gelassenheit auf dein Umfeld übertragen wird.

Lass' dich nicht von Berufshektikern anstecken, die nicht selten – zuweilen unbewusst – durch eine zur Schau getragene Hektik signalisieren möchten, wie wichtig sie angeblich sind. Eine solche Motivation ist nicht nur albern, sondern sie ist in der Konsequenz für die Betreffenden oftmals nachweislich schädlich.

In diesem Zusammenhang sei auf das Modewort „Burnout" hingewiesen, das seit geraumer Zeit geradezu inflationär verwendet wird. Entgegen einer oftmals geäußerten Vermutung, dass ein Burnout die Konsequenz von zu viel Arbeit sei, ist es vielmehr so, dass in den meisten Fällen weniger ein Zuviel an Arbeit, als vielmehr ein Zuwenig an Sinn konstatiert werden muss. Burnout entsteht häufig nicht zuletzt dadurch, dass sich viele Menschen nur noch als Getriebene in einem Hamsterrad erleben, und kein konstruktiver Lebenssinn mehr spürbar wird. Bedenklicherweise sperren sich viele Menschen gegen diese schon längst nicht mehr ernsthaft zu bestreitende Erkenntnis, dass es sehr viel klüger und gesundheitsförderlicher ist, zu hinterfragen, ob die Arbeit, die sie leisten, ihrem wahren Selbst entspricht, oder ob sie nicht vielmehr schon längst in einer krankmachenden Tretmühle aufgerieben werden?! Viele Menschen leben offenbar nach dem Motto: Ich lebe, um zu arbeiten. Besser und perspektivisch klüger ist es, zu erkennen, dass wir arbeiten, um zu leben. Entscheidend ist nicht zuletzt der Hinweis darauf, dass es sich bei dem Thema „Arbeit" keineswegs und automatisch um klassische Erwerbsarbeit handeln muss. Vielmehr wäre es klug, zu erkennen, dass der überwiegende Teil geleisteter Arbeit nicht in dieses Raster „klassischer Erwerbsarbeit" fällt, sondern vielmehr Bereiche des alltäglichen Lebens betrifft, die nicht selten deutlich wichtiger sind, als so manche klassisch entlohnte Tätigkeit.

Sei klug, und gönn' dir regelmäßig „Inseln der Ruhe", um zu verhindern, dass du vor lauter Arbeit nicht mehr zum Nachdenken kommst, und gar nicht merkst, dass dich ein krankmachendes System schon längst vereinnahmt hat. Merke: In der Ruhe liegt die Kraft.

***06. Wenn die Achtsamkeit etwas Schönes berührt,
offenbart sie dessen Schönheit. Wenn sie etwas
Schmerzvolles berührt, wandelt sie es um und heilt es.
(Zen Buddhismus)***

Ist dir vielleicht auch schon aufgefallen, dass viele
Menschen infolge einer permanenten Reizüberflutung
den Blick für das Wesentliche verloren zu haben
scheinen?

In einer Zeit, wie der unsrigen, in der oftmals nur noch
die Devise gilt: höher – schneller – weiter – aufregender
– spektakulärer, fehlt vielen Menschen zunehmend der
Blick für die wahren Wunder, die uns tagtäglich in
unterschiedlichsten Momenten begegnen.

Viele Menschen haben verlernt das Wunderbare im
vermeintlich Einfachen zu erkennen.

Oftmals sind es nicht die spektakulären und lautstark
daherkommenden Dinge, die wahrhaft wundervoll sind,
sondern vielmehr die leisen, vermeintlich gewöhnlichen
Dinge des Lebens, die das Leben als das erscheinen
lassen, was es im Kern ist: ein Wunder.

Achtsamkeit gegenüber unbelebten Dingen sowie
gegenüber Lebewesen zeigt sich entscheidend darin,
bewusst wahrzunehmen, wie wundervoll vielfältigste
Ausprägungen dieser Welt gestaltet sind.

Leider nehmen viele Menschen viel zu viele Aspekte
des Lebens für selbstverständlich, so dass sie deren
wahren Wert nicht zu erkennen vermögen.

Achtsamkeit gegenüber unbelebten Dingen drückt sich
beispielsweise dadurch aus, wertzuschätzen, was dir

diese Erde an so überaus reichhaltigen Gütern geschenkt hat. Sobald du ernsthaft darüber nachdenkst, dass es keineswegs selbstverständlich ist, dass du – unverdient – an einem Ort geboren wurdest, der dich hinsichtlich deiner Lebensperspektiven gegenüber weiten Teilen der Weltbevölkerung privilegiert, wirst du demütig und bescheiden erkennen müssen, dass du mit vielen dir geschenkten Dingen deutlich achtsamer umgehen solltest, als du es möglicherweise bisher getan hast.

Achtsamkeit gegenüber Menschen zeigst du beispielsweise dadurch, indem du Menschen bewusst etwas von deiner wertvollen Zeit schenkst. Viele Menschen sind froh und dankbar, Menschen zu treffen, die ihnen aufmerksam zuhören, und sich nicht von einer nicht selten künstlich erzeugten Hektik anstecken lassen.

Falls du schon einmal ein offenes und freundliches Gespräch mit Obdachlosen geführt hast, wirst du die Erfahrung gemacht haben, dass der überwiegende Teil dieser Menschen tiefe Dankbarkeit empfindet, in dir einen Menschen getroffen zu haben, der sich bewusst ein wenig Zeit für die Sorgen und Nöte dieser gesellschaftlichen Randgruppe genommen hat. Zudem wirst du oftmals erfahren, dass es sich bei solchen Menschen oftmals keineswegs um faule, dumme, nichtsnutzige Personen handelt, sondern vielmehr um Menschen, denen das Leben aus unterschiedlichsten Gründen übel mitgespielt hat.

Sei achtsam, und urteile nicht – wie leider viele Zeitgenossen – vorschnell und abwertend über Menschen, deren Lebensgeschichte du gar nicht kennst. Wertvoller, menschlicher und hilfreicher ist es, wenn du dich bewusst darum bemühst, achtsam mit solchen

Menschen umzugehen, die in den meisten Fällen vermutlich sehr gern mit dir tauschen würden.

Bedenke, dass ein achtsamer Umgang mit Lebewesen und Dingen sowohl dir als Mensch, wie auch der Welt als Ganzes hilfreich sein wird. Es ist deine Entscheidung; nutze sie.

07. Die Weisheit des Lebens besteht im Ausschalten der unwesentlichen Dinge. (aus China)

Hast auch du schon einmal beobachtet, dass viele Menschen nicht zu unterscheiden vermögen zwischen wesentlichen und unwesentlichen Dingen des Lebens?

Sofern du sorgsam analysierst, wirst du feststellen, dass immer wieder viel zu viel Zeit und Energie auf vermeintlich wichtige Dinge verschwendet wird, die dann für wahrhaft wichtige Aspekte des Lebens an anderer Stelle fehlen.

Oftmals haben Menschen erkennbar Probleme damit, zu unterscheiden zwischen dringlichen und wichtigen Dingen des Lebens. Die Konsequenzen sind nicht selten bedenklich.

Dinge, die dringlich sind, zeichnen sich vor allem dadurch aus, dass der Faktor Zeit eine besondere Bedeutung hat. So wäre es beispielsweise dringlich, ein Feuer in einer Wohnung schnellstmöglich zu löschen.

Dinge, die wichtig sind, beziehen sich primär auf solche Aspekte, denen eine besondere inhaltliche Bedeutung zugemessen wird. So ist es beispielsweise wichtig, dass Menschen für sich einen Sinn in ihrem Leben finden. Der Faktor Zeit spielt dabei eher nur eine nachrangige Rolle.

Sobald du achtsam dein eigenes Denken und Handeln selbstkritisch reflektierst, wirst du die hoffentlich erhellende Erfahrung machen, dass du bisher viel zu oft Zeit und Energie für Dinge verschwendet hast, die bei genauerer Betrachtung keineswegs wichtig sind.

Unterschätze nicht die schleichende Destruktivität, die sich darin zeigt, nicht wahrnehmen zu können / zu wollen, wie viel unnütze Energie du für Dinge vergeudest, die vermeintlich wichtig sind.

Sei klug, und konzentriere deine Kraft primär auf solche Aspekte des Lebens, die wahrhaft wichtig sind. Lass' dich nicht von einem in so vielerlei Hinsicht irreführenden Mainstream einnebeln, der dir zu suggerieren versucht, dies und das sei elementar wichtig für dich und dein Leben. Halte Ausschau nach den Themen, die schlussendlich dazu führen, dein wahres Selbst zu entdecken.

Schau' dich aufmerksam um, und du wirst erschreckt feststellen, dass viele Menschen primär nur als Abziehbilder des eigenen Selbst durch dieses Leben gehen. Lass' nicht zu, dass dich vielfältigste Ablenkungen davon abhalten, dich und deine wahre Bestimmung zu erkennen. Stell' dir vor allem auch die Frage: Wem nützt es, wenn du dich durch allerlei Ablenkungen von deiner wahren Bestimmung entfernst? Ein Schelm, der Böses denkt.

Unterscheide bewusst, welche Aspekte in deinem Leben wirklich wesentlich sind, und halte dich bewusst von solchen Dingen fern, die dich – oftmals gewollt – davon abhalten, deinen wahren Wesenskern zu erkennen bzw. zu leben.

Nutze deine wertvolle Zeit und deine Energie vor allem für solche Aspekte des Lebens, die dich entscheidend deiner wahren Bestimmung näher bringen. Du wirst feststellen, dass dies mehrheitlich ganz sicher nicht solche Dinge sind, die ein vernebelnder Mainstream dir und deinen Mitmenschen als wesentlich zu verkaufen versucht. Hinterfrage stets die zugrundeliegenden Motive, und du wirst erkennen, dass eben diese oftmals alles andere als ehrenwert sind.

Getreu dem klugen Lebensmotto von Udo Lindenberg, dem es immer wieder gelingt, tiefe Wahrheiten in einfache Worte zu kleiden, sei gesagt: „Mach' dein Ding, und lass' die Schwachmaten doch reden...".

08. Wer einen Fehler begangen hat und ihn nicht korrigiert, begeht einen weiteren Fehler. (Konfuzius 551-479, chinesischer Philosoph)

Fehler zu machen ist im besten Sinne des Wortes menschlich.

Dies ernsthaft bestreiten zu wollen, hieße, zu leugnen, dass kein Mensch ohne Fehler ist.

Insbesondere solche Menschen, die Perfektionismus anstreben, empfinden es zumeist als eine persönliche Kränkung, wenn man ihnen Fehler nachweist.

Wie kommt es, dass so viele Menschen einen ebenso unsinnigen, wie schädlichen Umgang mit Fehlern pflegen? Nun, auch hier gilt: Keine Wirkung ohne vorausgehende Ursache.

Schon während der Kindheit müssen viele Menschen die Erfahrung machen, dass Fehler grundsätzlich als etwas Schlechtes anzusehen seien, die man tunlichst vermeiden müsse. Schon früh entwickelt sich eine Kultur des Leugnens und Verheimlichens, in der Kinder dazu erzogen werden, nicht mehr ernsthaft zu leugnende Fehler mit allen gebotenen Mitteln zu rechtfertigen.

Vor allem elementare Erziehungsfehler sind es, die dann im weiteren Verlauf des Lebens dazu führen, Menschen zu einer fehlerintoleranten Verhaltensweise zu verleiten, die ebenso dumm wie unnötig ist.

Wie sollen Menschen lernen, dass es völlig normal ist, Fehler zu machen, wenn schon in der Schulzeit Kinder nicht selten dazu angeleitet werden, Fehler penetrant zu leugnen? Wie geisteskrank und destruktiv ein solcher

Denkansatz ist, zeigt sich u. a. darin, dass schon seit geraumer Zeit oftmals Schulnoten durch Anwälte eingeklagt werden, weil vor allem manche Eltern schlichtweg nicht akzeptieren können, dass manche Schulleistungen eigener Kinder zuweilen eben nicht den Erwartungshaltungen einiger überengagierter Eltern entsprechen.

Sehr viel klüger, ehrlicher und perspektivisch sinnvoller ist es, Menschen dazu zu motivieren, Fehler als etwas völlig Natürliches zu akzeptieren, verbunden mit der Chance, daraus für zukünftiges Verhalten lernen zu können. Ein oftmals zu beobachtendes Vertuschen gemachter Fehler ist nicht nur feige, sondern vor allem dumm, weil es Menschen daran hindert, aus gemachten Fehlern konstruktive Schlüsse ziehen zu können. Nicht zuletzt mit Blick darauf, dass vor allem ein Vertuschen von Fehlern in sicherheitsrelevanten Bereichen (z. B. in Krankenhäusern, in Flugzeugen usw.) oftmals dramatische Folgen haben kann, wäre es ebenso klug wie wünschenswert, ließe sich ein deutlich ehrlicherer und offenerer Umgang mit menschlich verständlichen Fehlern in unserer Gesellschaft implementieren, so dass schlussendlich alle Beteiligten davon profitieren könnten.

Fehler zu machen, ist menschlich. Fehler zu vertuschen, ist feige und in der Konsequenz dumm.

Sei mutig, und ermuntere deine Mitmenschen dazu, Fehler als das zu erkennen, was sie sind: unvermeidliche, menschlich nachvollziehbare Begleiterscheinungen des Lebens, die uns die Chance geben, eigenes Denken und Handeln zukünftig optimieren zu können.

Löse dich bewusst von den vermutlich auch dir schon in der Kindheit eingepflanzten Glaubenssätzen, die sinngemäß besagen: „Fehler sind schlecht. Fehler dürfen auf keinen Fall aufgedeckt werden. Fehler müssen bestraft werden."

Du darfst Fehler machen. Du darfst dich zu deinen Fehlern bekennen. Dadurch zeigst du persönliche Stärke. Fehler zu leugnen, oder sie gar gänzlich vermeiden zu wollen, zeugt eher davon, nicht verstanden zu haben, dass kein Mensch grundsätzlich fehlerlos sein kann bzw. fehlerlos ist.

09. Ist man in kleinen Dingen nicht geduldig, bringt man die großen Vorhaben zum Scheitern. (Konfuzius 551-479, chinesischer Philosoph)

Hast du dich vielleicht auch schon dabei ertappt, zu viel auf einmal erreichen zu wollen?

Kennst du auch Situationen aus deinem Leben, bei denen du nicht die nötige Geduld aufgebracht hast, um bestimmte Ziele zu erreichen?

Nun, falls du dich in solchen Beschreibungen wiedererkennst, lass' dir versichern, dass du mit einem solchen Verhalten nicht allein bist. Nahezu jeder Mensch wird wohl Situationen kennen, bei denen er ungeduldig reagiert hat, um dann mit einem gebührenden zeitlichen Abstand festzustellen, dass die gezeigte Ungeduld weder sinnvoll, noch notwendig gewesen ist. Soweit ist das menschlich verständlich, und auch nicht weiter tragisch.

Bedenklich wird es dann, wenn Ungeduld zu deinem – zumeist unbewusst praktizierten – Lebensmotto geworden ist. Dann nämlich sabotierst du dich und deine Möglichkeiten.

Ungeduld zeugt zumeist von mangelnder Disziplin. Ungeduld führt oftmals dazu, dass unnötig ein Klima der Hektik erzeugt wird, in dem sich Menschen unwohl fühlen. Ungeduld führt nicht selten auch zu Fehlern, die vermeidbar wären, würden die Menschen gelassener agieren.

Menschen, die schon in vergleichsweise banalen Alltagssituationen ungeduldig reagieren, sollte man keine wirklich wichtigen Aufgaben übertragen.

Ungeduld speist sich oftmals aus der Befürchtung etwas Wichtiges zu verpassen. Ursächlich verantwortlich für eine vor allem als pathologisch zu bezeichnende Ungeduld sind oftmals Erziehungsfehler in der Kindheit und während der Jugendzeit.

In einer Zeit, in der die Handlungsmaxime lautet, jedes noch so abwegige Bedürfnis immer und sogleich erfüllt zu bekommen, überrascht es nicht, dass weite Teile unserer Gesellschaft immer ungeduldiger agieren. Nicht zuletzt so manche technische Neuerung trägt entscheidend dazu bei, dass Menschen oftmals pathologisch ungeduldig agieren.

Im Zeitalter von Smartphones, Facebook, Internet, E-Mail usw. sind die technischen Voraussetzungen für eine immer schnellere, oftmals hektische Kommunikation immer umfangreicher geworden, so dass es nicht wirklich überrascht, dass auch und vor allem die nachwachsende Generation den Virus pathologischer Ungeduld schon in sehr jungen Jahren eingepflanzt bekommt.

Auf der Strecke bleibt vor allem nicht selten die Qualität menschlicher Kommunikation.

Es wäre absurd und weltfremd, wollte man pauschal gegen so allerlei technische Kommunikations-möglichkeiten zu Felde ziehen. Doch wird leider sehr oft übersehen, dass sich die Qualität einer Kommunikation eben im Kern weniger an der Art der verwendeten Medien ablesen lässt, als vielmehr an den transportierten Inhalten. Und genau diese sind oftmals geradezu inflationär minderwertig und unsinnig, so dass hier mit Blick auf die gesamtgesellschaftliche Entwicklung ein dringender Korrekturbedarf besteht.

Geduldig zu sein zeugt nicht nur von einer ausgeprägten Disziplin, sondern es bedeutet oftmals, überhaupt die Chance zu bekommen, komplexere Sachverhalte inhaltlich zu durchdringen, um somit klug handeln zu können. Gilt diese Erkenntnis schon für vergleichsweise gewöhnliche Aspekte des Alltags, so gilt sie erst recht für wahrhaft wichtige Dinge des Lebens.

10. Wer keine Zukunft hat, redet über die Vergangenheit! *(Indische Weisheit)*

Je nachdem, ob du ein jüngerer Mensch oder vielleicht ein Mensch in höherem Lebensalter bist, wirst du dich durch eine mögliche Konsequenz dieser Erkenntnis provoziert fühlen.

Warum?

Nun, zunächst einmal entspricht es einem natürlichen Verlauf, dass ältere Menschen – ob sie wollen oder nicht – schon eine zeitlich umfangreichere Wegstrecke des Lebens hinter sich gebracht haben, als dies bei jüngeren Menschen der Fall ist. Völlig klar. Von daher überrascht es nicht, dass die Menge dessen, was ältere Menschen womöglich schon erlebt haben, zumeist größer ist als bei deutlich jüngeren Menschen.

Vordergründig mag man diese Erkenntnis als persönlichen Angriff wahrnehmen, suggeriert sie doch womöglich einen Vorwurf, ältere Menschen hätten keine Zukunft mehr, so dass sie von daher nur noch in Erinnerungen schwelgen.

Eine andere Interpretation, die in der Aussage deutlich konstruktiver ist, möchte dich zu folgender Überlegung führen:

Nimm' nur Kenntnis, dass du Vergangenes – sei es nun schön oder schlimm – mit keinen dir zur Verfügung stehenden Mitteln mehr ungeschehen machen kannst. Vorbei ist vorbei. Dass dies mitunter zunächst einmal eine frustrierende Erkenntnis sein kann, ist selbstredend klar. Von daher verschwendest du unnötig deine Kraft und Zeit, wenn du gedanklich an deiner Vergangenheit klebst.

Übe dich im Loslassen, denn genau das wird dir perspektivisch den Weg zu wahrer Freiheit ebnen. Ja, Loslassen ist schwieriger als Festhalten. Doch es gibt unzählige Beispiele dafür, dass ein Loslassen fesselnder Gedanken, vor allem dann, wenn es sich um Gedanken des Grübelns und Haderns handelt, enorm befreiend wirkt.

Fokussiere dich und deine Gedanken auf das Hier und Jetzt, denn nur im Hier und Jetzt kannst du etwas bewirken, das sich dann auf deine zu erwartende Zukunft auswirken kann.

Ein nicht selten krampfhaftes Festhalten an der Vergangenheit lähmt dich und deine Gedanken, und sabotiert somit oftmals objektiv vorhandene Möglichkeiten zur Verbesserung deiner Situation im Hier und Jetzt.

Insbesondere dann, wenn dich traumatische Erlebnisse gedanklich an deine Vergangenheit ketten, solltest du unbedingt professionelle Hilfe in Anspruch nehmen. Andernfalls zeigen unzählige Studien und konkrete Fallgeschichten von Menschen, die psychologische Hilfe in Anspruch nehmen, dass gedankliche Fesseln über ein gesamtes Leben hinweg destruktive Kräfte entfalten, unter denen viele Menschen massiv zu leiden haben.

Du zeigst persönliche Stärke, wenn du dich den Schatten deiner Vergangenheit aktiv und offen stellst. Lass' nicht zu, dass dich Erlebnisse deiner Biografie über weite Strecken deines Lebens empfindlich in deinem grundsätzlich möglichen Entwicklungspotenzial destruktiv hemmen.

Merke: Aus deiner Vergangenheit zu lernen, ist klug. An belastenden Ereignissen aus deiner Vergangenheit zu kleben, ist unnötig und perspektivisch destruktiv. Richte deinen Blick auf das Hier und Jetzt, denn nur im Hier und Jetzt legst du den Grundstein für deine Zukunft.

11. *Nur die allergescheitesten Leute benützen ihren Scharfsinn zur Beurteilung nicht bloß anderer, sondern auch ihrer selbst.* *(Lebensweisheit)*

Hast du dich auch schon dabei ertappt, andere Menschen in einer Art und Weise zu kritisieren, die bei näherer Betrachtung zeigt, dass du womöglich „auf einem Auge blind gewesen bist..."?

Bedenke, sehr oft ist es so, dass eine geäußerte Kritik mehr über den Menschen aussagt, der sie kommuniziert, als über den denjenigen, dem sie gilt.

Sei vorsichtig mit vorschnellen und undifferenzierten Beurteilungen, denn sie sind oftmals in der Sache falsch.

Fokussiere deinen Blick lieber auf deine eigenen „Baustellen", denn deren gibt es vermutlich mehr als genug.

Möchtest du dir und deinen Mitmenschen wirklich einen guten Dienst erweisen, dann prüfe selbstkritisch, was du selbst anders und besser machen kannst. Das ist zumeist sehr viel sinnvoller und ergiebiger, als ein nicht selten zum Scheitern verurteilter Versuch, andere Menschen verändern zu wollen.

Zwar ist es gut und richtig anderen Menschen hilfreiche Impulse zu vermitteln, doch solltest du das bitte grundsätzlich niemals mit dem Anspruch tun, dass deine vermeintlich guten Ratschläge zeitnah und vollständig umgesetzt werden.

Bedenke: Jeder Mensch muss seinen eigenen Rhythmus finden, und der wird sich naturgemäß nahezu immer von deinem eigenen Rhythmus unterscheiden. Alles zu seiner Zeit.

12. *Vorstellungskraft ist wichtiger als Wissen. (Albert Einstein 1879-1955, deutsch-schweiz. Physiker)*

Wie sagte schon Isaac Newton? „Was wir wissen, ist ein Tropfen. Was wir nicht wissen, ist ein Ozean."

Diese ebenso richtige wie von demütiger Bescheidenheit gekennzeichnete Erkenntnis sollten vor allem diejenigen beherzigen, die sich nicht zuletzt infolge unzähliger Quizshows offenbar als besonders wissend wahrnehmen, weil sie beispielsweise dazu in der Lage sind, unnützes Wissen reproduzieren zu können.

Bildung, die diesen Namen auch verdient, entsteht erst dann, wenn es gelingt, sinnvolle Zusammenhänge zwischen unzähligen Wissensbausteinen herstellen zu können. Genau dieser zentrale Aspekt wird leider in weiten Teilen des heutigen Bildungswesens kaum noch angemessen berücksichtigt.

Vorstellungskraft und Kreativität, die nicht selten ebenso vorschnell wie unsinnig mit zumeist negativ besetzten Begriffen wie z. B. „Spinner" oder „Träumer" assoziiert werden, sind oftmals erheblich wertvoller und sinnvoller, als eine zuweilen gigantische Menge zusammenhanglosen Wissens.

Es täte unserer Welt insgesamt gut, gäbe es deutlich mehr „Spinner" und „Träumer", die erkannt haben, wie manipulativ und einengend ein sog. Bildungssystem ist, das Menschen oftmals nur noch zu marionettenhaften Fachidioten erzieht, denen zumeist der Blick für das große Ganze fehlt. Wach' auf, und löse dich von einer dumpfen Bulimie des Wissens.

13. Verantwortlich ist man nicht nur für das, was man tut, sondern auch für das, was man nicht tut. *(Chinesische Weisheit)*

Hast du dich vielleicht auch schon dabei ertappt, im Nachhinein zu denken, dass du in der einer oder anderen Situation entschlossener hättest handeln sollen?

Prüfe, was dich davon abhält, mutig und entschlossen zu handeln?

Oftmals ist es weniger Feigheit, als vielmehr eine zuweilen sträfliche Bequemlichkeit, die Menschen davon abhält, dort einzugreifen, wo es offensichtlich Missstände gibt.

Ein klassisches Beispiel, das sich nahezu täglich beobachten lässt, erlebst du vor diversen Supermärkten. Dort findest du nicht selten bedauerliche Menschen, die durch den Verkauf einer Obdachlosenzeitung den eigenen Lebensunterhalt ein wenig finanzieren möchten.

Stell' dir bitte vor, wie es sich wohl für dich anfühlte, du müsstest dich dort Tag für Tag den Blicken ignoranter Menschen aussetzen, die nicht selten mit vollen Einkaufswagen achtlos an dir vorbei fahren?!

Glaubst du ernsthaft, dass es menschlich akzeptabel ist, solche Menschen vorschnell als Penner zu diskreditieren, ohne deren konkrete Lebensgeschichte zu kennen?

Bedenke, dass wir alle – so auch du – durch unser kollektives Denken und Handeln in Teilen mitverantwortlich dafür sind, dass es solche bedauerlichen Zustände in einem so reichen Land wie dem unsrigen überhaupt gibt.

14. Besser auf neuen Wegen etwas stolpern als in alten Pfaden auf der Stelle zu treten. *(Chinesische Weisheit)*

Nicht zuletzt die psychologische Forschung hat bewiesen, dass ein großer Teil der Menschen „lieber" in einem objektiv schlechten Zustand verharrt, anstatt sich aufzuraffen, und aktiv zu handeln.

Schaut man aus einer sog. Metaposition auf das Leben vieler Menschen, die oftmals in Lebenssituationen verharren, die ihnen objektiv empfindlich schaden, so kann man nur staunen, wie Menschen geistig gelähmt und affektiv erstarrt einen Zustand konservieren, der in den allermeisten Fällen deutlich verbessert werden könnte.

Was hält Menschen davon ab, aktiv dafür zu sorgen, objektive schädliche und krankmachende Lebenssituationen positiv zu verändern?

Nun, in aller Regel heißt der entscheidende Bremsklotz: Angst.

Warum ist das so? Dazu musst du wissen, dass das Phänomen der Angst tief in entwicklungsgeschichtlich älteren Strukturen des Gehirns, im limbischen System, verankert ist. Von daher laufen Angstprozesse prinzipiell automatisiert ab, so dass sich viele Menschen zumeist gar nicht genau im Klaren darüber sind, wie genau die eigene Angst in konkreten Situationen entsteht?

Wichtig für ein klares Verständnis der Angst ist es, zu bedenken, dass sich die Funktion der Angst entwicklungsgeschichtlich signifikant verändert hat. Zu

Zeiten des Säbelzahntigers war es sicher überlebensnotwendig, Angst vor diesem gefährlichen Tier zu entwickeln. Allerdings speisen sich typische Ängste unserer Zeit nicht mehr aus solchen Urängsten, sondern vielmehr aus diversen Situationen unserer modernen Lebenswirklichkeit.

Tragisch dabei ist, dass das limbische System heutzutage auch mit Angst reagiert in vielfältigsten Situationen, denen objektiv gar keine Bedrohungslage zugrunde liegt. Kurz: Ängste haben eine oftmals krankmachende Eigendynamik entwickelt, mit der Konsequenz, dass viele Menschen unverhältnismäßig viel Energie dafür verschwenden, gegen vermeintliche Ängste anzukämpfen, die objektiv so gar keine verifizierbare Ursache haben.

Die Folge davon ist, dass diffuse Ängste oftmals pathologischen Charakter entwickeln, so dass immer mehr Menschen aufgrund von Angststörungen psychologisch bzw. psychiatrisch behandelt werden müssen.

Ein Blick in aktuelle Statistiken zeigt deutlich, dass die Fallzahlen bei psychischen Erkrankungen, so auch bei Angststörungen, seit einigen Jahren signifikant ansteigen. Diese nicht zu leugnenden Fakten sollten vor allem unserer Gesellschaft insgesamt zu denken geben, denn eine solche Entwicklung, mit nicht selten dramatischen Auswirkungen, ist nicht über Nacht aus dem Nichts entstanden.

Sei mutig, und lass' nicht zu, dass deine Angst dich lähmt, und dich somit in einer destruktiven Art und Weise davon abhält, neue Wege zu gehen, die dir nicht selten völlig neue, positive Perspektiven eröffnen.

Bedenke, es zeugt von persönlicher Stärke, wenn du professionelle Hilfe in Anspruch nimmst. Die beste Zeit zum Handeln ist jetzt! Auf geht's!

15. Willst du die Welt verändern, gehe dreimal durch dein eigenes Haus. *(Chinesische Weisheit)*

Verspürst auch du zuweilen das Bedürfnis, andere Menschen umzuerziehen in dem Sinn, dass sie deinen Vorstellungen entsprechend handeln?

Möchtest auch du so vieles in dieser Welt verändern, das dich stört, aufregt oder traurig stimmt?

Dann sieh dich in deinem unmittelbaren Umfeld sorgsam um, und beginne bei dir selbst. Sofern du selbstkritisch prüfst, wirst du feststellen, dass es in deinem eigenen Denken und Handeln so manches gibt, das du anders bzw. besser machen könntest.

Ja, es ist einfacher und bequemer, andere Menschen auf deren vermeintliche oder tatsächliche Defizite aufmerksam zu machen. Doch wird das nur in den allerwenigsten Fällen von Erfolg gekrönt sein. Erfahrungsgemäß zeigen die meisten Menschen reflexhaft eine mehr oder weniger stark ausgeprägte Abwehrhaltung, sobald sie spüren, dass du sie auf deren Fehler aufmerksam machst.

Klüger und effektiver ist es, wenn jeder zunächst einmal „vor seiner eigenen Haustüre kehrt". Man könnte auch folgenden Spruch zitieren: „Was siehst du den Splitter in deines Nächsten Auge, und übersiehst dabei den Balken vor deinem eigenen Kopf?".

Diese Welt könnte sehr viel friedlicher und freundlicher sein, fokussierten mehr Menschen einen kritischen Blick primär auf das eigene, teils fehlgeleitete Denken und Handeln, anstatt sich in oftmals kräftezehrenden Diskussionen mit anderen Menschen aufzureiben, um sie zu einem vermeintlich besseren Verhalten bekehren zu wollen.

16. *Wer ein schlechtes Gedächtnis hat, wird nicht darum herum kommen, seine Fehler zu wiederholen.* (Indische Weisheit)

Fehler zu machen gehört zum Menschsein ebenso dazu, wie die Luft zum Atmen. Es wäre töricht, möchte man dies ernsthaft leugnen.

Entscheidend ist weniger die unbestreitbare Tatsache, dass Menschen Fehler machen, sondern vielmehr die Art und Weise, wie Menschen mit gemachten Fehlern umzugehen pflegen.

In einer Gesellschaft, wie der unsrigen, herrscht bedenklicherweise eine wenig fehlertolerante Kultur vor, in der schon Kinder nicht selten mit Angst vor Fehlern erzogen – man sollte besser sagen „verzogen" - werden.

Anstatt zu erkennen, dass Fehler im wahrsten Sinne des Wortes etwas ganz Natürliches sind, werden Menschen oftmals von kleinauf dahingehend fehlgeleitet, gemachte Fehler zu leugnen. Somit wird schon im Keim die so wichtige Chance genommen, aus gemachten Fehlern konstruktiv lernen zu dürfen.

Sie klug, und erkenne das Potenzial, das in gemachten Fehlern steckt. Ganz gleich, ob es sich um vergleichsweise harmlose Verfehlungen deines Alltags handelt, oder um Fehlentscheidungen, die womöglich vollständig neue „Weichen" in deinem Leben stellen, kein Fehler ist letztlich vollkommen unnütz.

Sofern du dich und dein Denken und Handeln angstfrei und selbstkritisch analysierst, wirst zu feststellen, dass im Kern jede wie auch immer geartete Entscheidung in deinem Leben grundsätzlich und ausnahmslos vor dem Hintergrund deiner höchst subjektiven Biografie getroffen wird. Das ist ebenso elementar, wie unbestreitbar. Daran ist auch nichts falsch.

Bedenklich wird es zumeist dann, wenn du die Möglichkeiten sabotierst, aus gemachten Fehlern für zukünftiges Denken und Handeln etwas Konstruktives lernen zu wollen. In nahezu allen Fällen trägt der oftmals höchst destruktiv im Hintergrund agierende Saboteur den Namen „Angst".

Genau das ist der entscheidende Ansatzpunkt. So sinnvoll und in Teilen überlebensnotwendig elementare Formen menschlicher Angst in eng umgrenzten Lebenssituationen unbestreitbar auch sind, so schädlich sind sie immer dann, wenn vor allem unsinnige und in der Konsequenz schädliche Glaubenssätze dein Denken und Handeln torpedieren. Situationen, bei denen genau solche destruktiven Denk- und Verhaltensweisen existieren, werden sich mit an Sicherheit grenzende Wahrscheinlichkeit auch in deinem Leben finden.

Gib dir selbst die Chance, und löse dich bewusst von negativen Glaubenssätzen, die erfahrungsgemäß in den allermeisten Fällen aus der dir zuteil gewordenen Erziehung resultieren. In diesem Zusammenhang geht es definitiv nicht darum, Eltern oder sonstigen Erziehungsberechtigten vorschnell und undifferenziert eine „Schuld" bei der Entstehung von Erziehungsfehlern anzukreiden. Vielmehr geht es darum, selbstkritisch zu erkennen, dass in den allermeisten Fällen Erziehungsfehler sicher nicht in böser Absicht gemacht werden, sehr wohl aber oftmals schlichtweg deshalb, weil es viele Menschen selbst nicht besser kennengelernt haben.

Wichtig ist, dass „die Kette destruktiv wirkender Erziehungsfehler" zunächst einmal im Kern erkannt wird, um diese dann konstruktiv und perspektivisch positiver gestalten zu können.

Unzählige Beispiele aus der psychologischen Praxis belegen immer wieder ganz klar, dass viele Menschen ihr Leben lang unter solchen Glaubenssätzen leiden, die in der eigenen Erziehungsphase induziert worden waren, deren Sinnhaftigkeit oftmals ernsthaft angezweifelt werden darf.

Du selbst hast es in deiner Hand, zu entscheiden, ob du es zulassen möchtest, dass dich verstaubte Glaubenssätze in deinem Entwicklungspotenzial immer wieder empfindlich einschränken, oder ob du dich davon befreien möchtest.

Tragisch bei unsinnigen Glaubenssätzen ist, dass sie bei vielen Menschen – vor allem bei solchen, die nur über ein schwach ausgeprägtes Selbstbewusstsein verfügen – eine mitunter lebenslang einschnürende Kraft entwickeln, aus denen sich die Betroffenen oftmals nicht mehr aus eigener Kraft befreien können.

Ebenso unnötig wie bedenklich ist auch, dass sich viele Menschen in einer objektiv lähmenden Lebenssituation eingeigelt haben, und mittels leicht zu entlarvender Rationalisierungen versuchen, unsinniges und destruktives Denken und Verhalten mit so allerlei fadenscheinigen „Begründungen" zu rechtfertigen.

Das ist nicht nur für die unmittelbar Betroffenen traurig, sondern destruktive Glaubenssätze sabotieren nicht selten auch das Umfeld solcher Menschen. Hab' Mut, und gib dir bitte selbst die Chance, lähmende

Glaubenssätze zu entlarven, und befördere sie dort hin, wo sie hingehören: in die „seelische Abfalltonne".

Wie sagte schon Albert Einstein:

„Nur Dummköpfe handeln bei Fehlern immer wieder auf die gleiche Art und Weise, und wundern sich, dass sich nichts verbessert.

17. *Nur der Unwissende wird böse. Der Weise versteht.*
(Indische Sprichwörter)

Hast du dich auch schon dabei ertappt, in so mancher Situation böse zu reagieren? Kennst du das Gefühl, wenn sich in deinem Inneren ein Vulkan des Zorns aufzubauen droht, der sich dann in einem verbalen oder physischen Ausbruch Luft zu verschaffen droht?

Das ist zunächst einmal menschlich verständlich, und auch nicht wirklich ungewöhnlich. Vor allem dann, wenn es sich um Situationen handelt, die auch objektiv schädlich, destruktiv, unmenschlich o. ä. sind.

Entscheidend ist aber – und das gilt grundsätzlich – lähmen Boshaftigkeit und Zorn dein Denken. Von daher ist es klug, in emotional „aufgeladenen" Situationen prinzipiell niemals vorschnell Äußerungen oder Handlungen zu vollziehen, die sich bei entspannterer Betrachtung oftmals als dann völlig überzogen herausstellen werden. Äußerungen oder Handlungen, die du aus einem Klima der Boshaftigkeit und des Zorns tätigst, haben nicht selten sehr zerstörerische Kraft, so dass es mitunter schwierig, zuweilen sogar unmöglich ist, „verbranntes Land" wieder zu restaurieren.

Klüger und effektiver ist es, wenn du in Situationen, die spontan ein Gefühl von Boshaftigkeit oder Zorn in dir aufsteigen lassen, innehältst.

Ein Grundprinzip, das im gesamten bisher bekannten Universum Gültigkeit hat, lautet: Keine Wirkung ohne Ursache. Das will bedeuten: Für jede wie auch immer geartete Äußerung oder Handlung eines Menschen gibt es mehr oder weniger komplexe Ursachen. Und genau die gilt es zu verstehen. Dann, und nur dann lässt sich die „Kette des Wahnsinns" durchbrechen, die sich in schier unendlich vielen Situationen des Lebens auf dieser Welt beobachten bzw. beklagen lässt.

Ja, das mag in so manchen Fällen aufwändig und schwierig sein, doch es ist der einzig erfolgversprechende Weg – im Kleinen, wie im Großen – diese Welt schon im Ansatz friedlicher gestalten zu können.

Sobald du diese fundamentale Erkenntnis tatsächlich in deren immens großer Bedeutung erkannt hast, wird sich dein Denken und Handeln im Umgang mit dir selbst, und in der Kommunikation mit anderen Menschen von Grund auf verändern.

Jeder einzelne hat grundsätzlich die Möglichkeit, diese in weiten Teile so kranke Welt ein Stück weiter menschlicher und freundlicher zu gestalten, vorausgesetzt, du bringst die offene und ehrliche Bereitschaft dazu auf, selbstkritisch zu reflektieren. Sobald du dich ernsthaft darum bemühst, trägst du im Rahmen deiner Möglichkeiten dazu bei, Vorbild für andere, dich umgebende Menschen zu werden, die dir nicht selten nacheifern werden.

Es gibt wohl kaum eine unsinnigere bzw. destruktivere Aussage, die auch du in deinem Leben vermutlich schon unzählige Male so gehört hast, die da lautet:

„Was soll ich da schon machen? Das war schon immer so. Das ist eben so. Damit muss man leben...".

Nein, du kannst sehr wohl etwas dazu beitragen, dass entscheidende Ursachen für Boshaftigkeit und Zorn Stück für Stück abgebaut werden. Du musst es nur ernsthaft wollen, und dann auch konkret in die Tat umsetzen. Das beginnt schon bei vermeintlich kleinen Situationen in deinem Alltag. Handle – jetzt!

18. Es gibt Leute, die machen dich glücklich, wenn sie kommen und solche, die machen dich glücklich, wenn sie gehen. (Bretonisch)

Bestimmt kennst auch du das Gefühl, dass es Menschen gibt, in deren Anwesenheit du dich wohlfühlst, und solche, bei denen du froh bist, wenn du nichts oder möglichst wenig mit ihnen zu tun haben musst?!

Das ist ebenso menschlich wie leicht verständlich. Nicht ohne guten Grund spricht man davon, dass „die Chemie stimmt / nicht stimmt".

Wichtig für dich und dein Leben ist, dass du sog. Psychovampire als solche erkennst, die dir – zuweilen kaum merklich – Energie entziehen.
Menschen, in deren Gegenwart du dich wohlfühlst, schenken dir neue Energie für deine Kraftreserven.
Menschen, deren Anwesenheit du als kräfteraubend wahrnimmst, solltest du nach Möglichkeit bewusst meiden.

Nicht selten ist es so, dass Menschen aufgrund mangelnden Selbstbewusstseins nicht Nein sagen können, wenn Menschen zuweilen aufdringlich Kontakt suchen. Bedenke: Es ist nichts falsch daran, wenn du den Kontakt zu solchen Menschen unterbindest, bei denen du spürst, dass sie dir Kraft rauben. Prozesse dieser Art sind oftmals schleichend, und in der Konsequenz mitunter verhängnisvoll.

Klüger und besser ist es, du suchst bewusst Kontakt zu Menschen, in deren Gegenwart du deine Kräftereservoirs auftanken kannst. Sei gut zu dir selbst, und entledige dich solcher Kontakte, die dich und deine Kräfte nur aussaugen.

19. Man muss das Leben den Jahren hinzufügen und nicht die Jahre dem Leben.
(Französisches Sprichwort)

Hast du auch schon einmal beobachtet, dass es Menschen gibt, die sich einerseits ein möglichst langes Leben wünschen, die zugleich jedoch eher in einer mentalen und emotionalen Einöde leben?

Nicht die absolute Anzahl an Lebensjahren ist entscheidend dafür, ob du ein erfülltes Leben hast, sondern vielmehr die Tatsache, ob bzw. wie es dir gelingt deine Lebensjahre mit möglichst lebenswerten Eindrücken und Erlebnissen zu füllen.

Wie armselig kann beispielsweise ein 90-jähriges Leben sein, in dessen Rahmen ein Mensch mehr oder weniger nur noch einsam vor sich dahin vegetiert, im Vergleich zu einem vielleicht „nur" 50-jährigen Leben, das angefüllt war mit vielen erlebnis- und erkenntnisreichen Momenten?

Aus menschlicher Perspektive betrachtet mag es ein großer Unterschied sein, ob ein Mensch beispielsweise eine vergleichsweise lange Zeit von vielleicht 90 Jahren auf dieser Erde lebt, oder möglicherweise schon sehr viel früher diese „Bühne" hier verlassen muss. Gemessen am großen Ganzen verlieren sich solche Unterschiede praktisch im Nichts.

Bedenke, dass es auch für dich sehr hilfreich sein kann, dir zu verdeutlichen, dass sämtliche Lebensspannen mit Blick auf das Große Ganze sich im „Strom der schier unendlichen Zeiträume" im Nichts verlieren.

Was sind schon beispielsweise 80 Jahre eines

Menschenlebens im Verhältnis zu den bisher schon etwa 13,7 Milliarden Jahren, während denen das bisher bekannte Universum existiert?

Je intensiver du dir eine solche Relation ernsthaft vorzustellen versuchst, umso eher wird es dir gelingen, menschliche Zeiträume als das einzuordnen, was sie faktisch sind: nicht mehr als ein winziger Zeitpartikel im schier unendlichen Meer der Zeit.

Warum ist es hilfreich, dass du dir solche Vergleiche vergegenwärtigst? Nun, eine solche Reflektion kann dir dabei helfen, Ereignisse in deinem Leben entscheidend zu relativieren.

Du kennst weder den Tag, noch die Stunde, zu der du diese Lebensbühne wieder verlassen wirst.

Bedenke, dass keine noch so intensiv betriebene Vorsorge dich davor bewahren wird, diese Weltbühne nach einer vergleichsweise sehr kurzen Zeit wieder verlassen zu müssen.

Anstatt wie ein ängstliches Kaninchen vor der Schlange unverhältnismäßig viel Zeit und Energie darauf zu ver(sch)wenden, vermeintliche Sicherheit kaufen zu wollen, solltest du lieber danach trachten, dein Leben mit möglichst vielen und erlebnisreichen Momenten anzureichern, die dein Leben letztlich wahrhaft lebenswert machen.

Kein noch so vermeintlich toller Job, keine wie auch immer geartete Lebensversicherung wird letztlich verhindern, dass auch deine Tage hier auf dieser Erde gezählt sind.

Schau' dich aufmerksam um, und du wirst unzählige Beispiele dafür finden, dass viele Menschen ihr Leben lang wie in einem Hamsterrad strampeln auf der Suche nach einer vermeintlichen Sicherheit, die sie jedoch aus grundsätzlicher Erwägung letztlich niemals hier auf dieser Erde finden werden bzw. finden können.

Gib dir selbst die Chance, und fokussiere dich bewusst vor allem darauf, dein Leben mit dem anzureichern, was dich in deiner persönlichen Entwicklung entscheidend voran bringt. Und das ist ganz sicher nicht eine oftmals aufreibende und zermürbende Jagd nach einer vermeintlichen Sicherheit, sondern vielmehr sind es genau solche Momente und Erlebnisse, die dich als Mensch reifen lassen.

Sieh dich achtsam um, und du wirst schier endlos viele Beispiele dafür finden, dass Menschen über sehr lange Zeiträume auf ein fiktives Ziel hin gearbeitet haben, indem sie tagein, tagaus einer vermuteten Sicherheit nachgejagt sind, um dann nicht selten feststellen zu müssen, dass ihr Leben an ihnen vorbeigezogen ist, ohne sich als Mensch auf das wahrhaft Wesentliche konzentriert zu haben. Möchtest du ernsthaft auch zum Heer derer gehören, die über viele Jahre und Jahrzehnte hinweg einer Illusion nachjagen, um dann feststellen zu müssen, dass diese wie eine Seifenblase zerplatzt?

Wach' auf, und erkenne, dass schlussendlich nicht die Anzahl gelebter Jahre entscheidend ist, sondern vielmehr die Frage, ob bzw. wie es dir gelungen ist, die dir geschenkte Zeit sinnvoll für dich und deine eigene Entwicklung genutzt zu haben.

Sobald du diese Erkenntnis in deren voller Tiefe erfasst hast, wirst du geradezu zwangsläufig eine enorme

Erleichterung spüren, und dich aus einem ebenso unsinnigen wie unnötigen Hamsterrad lösen können, das dir zu suggerieren versucht, du könntest ernsthaft dein Leben absichern. Nein, das kannst du definitiv nicht. Je früher du das verstehst, umso eher wirst du die wahre Schönheit dieses Lebens genießen können. Jetzt.

20. Bildung macht frei, ja! *Aber nur die gleichzeitige Bildung von Kopf und Herz. Es scheint an der Zeit, diese alte Wahrheit immer wieder aufs Neue zu predigen, bis sie die Spatzen von den Dächern zwitschern. (Gerhard von Amyntor 1831-1910, deutscher Schriftsteller)*

In unserem Zeitalter kaum mehr zu zählender Quizshows muss der Begriff Bildung kritisch reflektiert werden.

Warum? Nun, nicht eine schier endlose Sammlung zusammenhanglosen Faktenwissens zeichnet das aus, was den Namen Bildung zu recht trägt. Vielmehr ist entscheidend, ob ein Mensch gelernt hat, auf der Grundlage einer soliden und umfassenden Wissensbasis sinnvolle Zusammenhänge herstellen zu können?!

Genau dieser Aspekt wird jedoch seit geraumer Zeit im sog. Bildungswesen oftmals sträflich vernachlässigt. Vielmehr ist zu beobachten, dass es inzwischen oftmals primär nur noch darum geht, Wissen in dem Sinn anzuhäufen, dass es jeweils möglichst kurzfristig für anstehende Prüfungen präsent ist, um es dann kurze Zeit später wieder vergessen zu können. Nicht ohne Grund spricht man in diesem Zusammenhang vom sog. Bulimie-Lernen.

Fragt man nach den Gründen, warum das Erkennen und bewusste Reflektieren wichtiger Zusammenhänge oftmals sträflich vernachlässigt wird, stößt man schnell auf solche unsinnigen Konstruktionen wie beispielsweise das Thema G8.

Mit Blick darauf, dass vor dem Hintergrund eines im Kern geisteskranken Kapitalistischen Wirtschaftssystems junge Menschen als willfährige Roboter zu Wirtschaftssklaven herangezüchtet werden, die erst gar nicht mehr darüber nachdenken, dass sie in einem schändlichen „Spiel" aufgerieben werden, erfüllt das Thema G8 eine willkommene Rolle für diejenigen, die nicht mehr das Menschsein in den Vordergrund konstruktiver Bildung stellen, sondern vielmehr nur noch danach trachten, ein beliebig austauschbares Heer derer zu züchten, die ein im Prinzip krankes, und dem Untergang geweihtes System am Leben zu erhalten.

Schaut man sich die Lehrpläne an, fällt auf, dass es im Kern oftmals nur noch darum geht, Faktenwissen anzuhäufen. Zeit für das Erkennen und Verstehen komplexer Zusammenhänge fehlt an vielen Stellen gänzlich.

Wirklich überraschend ist das keineswegs, wenn man bedenkt, dass gigantische Wissensmengen in immer kürzerer Zeit „eingetrichtert" werden sollen.

Abgesehen davon, dass allein schon unter lernpsychologischen Gesichtspunkten eine solche Vorgehensweise unsinnig ist, ignoriert das Prinzip G8 nicht zuletzt auch die unbestreitbare Tatsache, dass jungen Menschen eine so immens wichtige Reifezeit beschnitten wird. Im statistischen Mittel sind aus sprichwörtlich natürlichen Gründen 17-jährige Abiturientinnen & Abiturienten wesentlich unreifer, als 18-jährige SchulabgängerInnen, die dann beispielsweise zu einer Universität gehen.

Bildung zeichnet sich nicht allein und schon erst recht nicht ausschließlich dadurch aus, dass Menschen eine große Wissensbasis abrufbereit haben, sondern entscheidend dadurch, dass sie auch über eine hinreichend umfassende Herzensbildung verfügen. Und genau die bleibt leider unübersehbar oftmals auf der Strecke; schlichtweg deshalb, weil in unserem sog. Bildungssystem nahezu alles und jedes nur noch einem Bulimie-Lernen untergeordnet wird. Was für ein Irrsinn!

21. Wir sind ein einziges mal geboren. Zweimal geboren zu werden ist nicht möglich. Die ganze Ewigkeit werden wir nicht mehr sein. Du aber bist nicht Herr des morgigen Tages und verschiebst immerzu das Erfreuende. Das LEBEN geht mit Aufschieben dahin, und jeder von uns stirbt, ohne Muße gefunden zu haben. (Epikur ca. 341-271 v. Chr., griechischer Philosoph)

Hast du dir auch schon die wahrhaft zentralen Fragen gestellt, die da lauten:

Was ist Leben? Was zeichnet dein Leben aus? Warum bist du hier auf dieser Erde? Wer bist du wirklich? Wird dein Ich in aller Ewigkeit existieren? Falls ja, in welcher Form?

Irritieren dich solche Fragen? Möchtest du ihnen am liebsten ausweichen?

Falls ja, wäre das sehr traurig. Traurig vor allem für dich selbst. Warum? Nun, bedenke, dass auch du und dein Leben eingebunden ist in das Große Ganze; ob du das nun zur Kenntnis nehmen möchtest, oder nicht. Es ist schlichtweg Fakt.

Nutze die dir geschenkte Lebenszeit, um dich und deine Bestimmung besser verstehen zu können. Lass' nicht zu, dass dich ein von fremden Kräften aufgezwungenes Hamsterrad von den wahrhaft wichtigen und entscheidenden Fragen deines Lebens ablenkt.

Sobald du dich ernsthaft mit den hier beispielhaft aufgeführten Fragen befasst, wirst du verstehen, in welche gigantische Maschinerie auch du eingebunden bist. Du hast die freie Wahl: Entweder, du lässt zu, dass du gelebst wirst, oder du entscheidest dich dazu, den Dingen auf den Grund zu gehen.

Sofern du dich achtsam umschaust, wirst du die Feststellung machen, dass die meisten Menschen „gelebt werden", und nicht RegisseurIn des eigenen Lebens sind. Möchtest auch du zu dem Heer willenloser Menschen gehören, die sich zeitlebens nicht die wahrlich wichtigen Fragen gestellt haben?

Was ist Leben? Was zeichnet Leben im Kern aus?

Wenn du eine solche Frage ernsthaft stellst, wirst du – wenn überhaupt – von den meisten Menschen sinngemäß eine Antwort erhalten, die in etwa lautet:

Leben ist das, was Menschen und Tiere ausmacht. Typische Eigenschaften sind beispielsweise die Fähigkeit zur Reproduktion, die Fähigkeit des Denkens, ein freier Wille usw.

Der entscheidende Denkfehler, den sehr viele Menschen bei der Beantwortung einer derart zentralen Frage machen, besteht vor allem darin, dass der Begriff „Leben" auf biologisches Leben beschränkt wird, oder – noch extremer – auf menschliches Leben.

Warum ist das so? Nun, es liegt wohl entscheidend daran, dass nur vergleichsweise wenig Menschen ernsthaft über solche zentralen Fragen nachdenken. Täten sie das nämlich, müssten sie erkennen, dass der Begriff „Leben" keineswegs auf biologisches, und schon erst recht nicht auf menschliches Leben beschränkt ist.

Für viele Menschen wirkt eine solche Erkenntnis spontan sehr befremdlich. Warum? Entscheidend wohl vor allem deshalb, weil auch solche zentralen Begriffe zumeist gedankenlos verwendet werden, ohne ernsthaft zu hinterfragen, ob das, was da kommuniziert wird, überhaupt stimmt?

Spätestens seit den 90er Jahren des 20. Jahrhunderts wissen wir im Rahmen der Erforschung „Künstlichen Lebens", dass sämtliche Kerneigenschaften, von denen Menschen denken, sie zeichneten exklusiv menschliches Leben aus, eben keineswegs ausschließlich auf eben dieses beschränkt werden können.

Alle Kerneigenschaften, wie beispielsweise die Fähigkeit zur Reproduktion, die Möglichkeit des Denkens usw. lassen sich schon längst in künstlichen Systemen nachbilden.

Dass dies auf viele Menschen zunächst einmal befremdlich oder sogar erschreckend wirkt, ist einerseits menschlich nachvollziehbar, ändert aber faktisch nichts daran, *dass* es so ist.

Warum haben so viele Menschen eine so auffällige Angst vor solchen Gedanken? Nun, entscheidend dürfte es wohl im Kern daran liegen, dass ein vermeintlicher Alleinvertretungsanspruch des Menschen in seinen Grundfesten erschüttert wird.

Viele Menschen reagieren diesbezüglich wie Kleinkinder, die auch ernsthaft glauben, dass jemand Drittes sie nicht sieht, wenn sie nur die Hände vor das eigene Gesicht halten. Mag ein solches Verhalten bei Kleinkindern verständlich sein, so ist es für erwachsene Menschen in der Konsequenz eher hinderlich. Warum? Nun, Tatsachen zu leugnen, und das nur, weil sie zunächst unbequem erscheinen mögen, ist weder klug noch sachdienlich. Klüger ist es, zu erkennen, dass es genau solche zentralen Fragen sind, die dich in deiner Entwicklung als Mensch entscheidend voran bringen.

Hab' keine Angst, und du wirst das Wunder des Lebens umso mehr zu schätzen wissen, je tiefer du in dessen Geheimnisse eindringst.

Bedenke: Erkenntnisse großer Tragweite verschwinden nicht etwa deshalb, indem du dich ihnen gegenüber verschließt. Gib dir selbst die Chance, zu begreifen, dass du Teil eines unermesslich großen Ganzes bist, das von einer Intelligenz erschaffen worden ist, die jede menschliche Vorstellung um nicht ernsthaft zu beziffernde Größenordnungen übersteigt.

Auch die Frage nach dem Ich ist ebenso faszinierend wie zentral.

Hast du schon einmal ernsthaft darüber nachgedacht, was dein Ich ausmacht? Hast du schon einmal ernsthaft überlegt, wo genau dein Ich verortet werden kann? Denkst du, dein Ich könnte ein irdisches Zeitmaß überleben bzw. womöglich zeitlos in aller Ewigkeit existieren? Falls ja, wie genau stellst du dir das vor?

Sobald du dich ernsthaft und ohne falsche Scheu mit solchen Fragen beschäftigst, wirst du die ebenso erhellende wie wohltuende Erfahrung machen, dass du nahezu alle Erscheinungen des Alltags in einem gänzlich neuen Licht betrachten kannst.

Sei klug, und reihe dich nicht in das Heer marionettenhaft agierender Lemminge ein, die offenbar gar nicht merken, dass ein in vielerlei Hinsicht krankmachendes System sie systematisch von den wahrhaft entscheidenden Fragen abhält.

Werde du selbst RegisseurIn deines Lebens, und nutze die dir geschenkte Zeit, um dein wahres Selbst zu entdecken. Das ist ungleich sinnvoller und wertvoller, als deine Lebenszeit in einem oftmals zermürbenden Hamsterrad zu verschwenden – ohne klares Ziel und Verstand. Es ist deine Entscheidung. Jetzt!

22. Du kannst die Wellen nicht anhalten, aber du kannst lernen, auf ihnen zu reiten.
(Joseph Goldstein)

Kennst du auch das Gefühl, das dich umgibt, wenn du gegen so allerlei widrige Umstände in deinem Leben anzukämpfen versuchst?

Hast du auch schon die Erfahrung gemacht, dass du oftmals Kraft und Zeit investiert hast in Ideen und Projekte, bei denen sich im weiteren Verlauf herausgestellt hat, dass all' deine Bemühungen vergeblich waren?

Falls dem so ist, stell' dir die Frage, ob du nicht womöglich gegen Dinge und Menschen angekämpft hast, wobei schon im Vorfeld klar war, dass all' deine Bemühungen ein „Kampf gegen Windmühlen" sein würden.

Fokussiere deine Kraft und dein Denken auf solche Aspekte deines Lebens, die du im Rahmen deiner Möglichkeiten verändern kannst. Nimm Abstand von solchen Ideen und Vorhaben, bei denen dir schon dein Bauchgefühl sagt, dass jegliche Bemühungen zum Scheitern verurteilt sein werden.

Klüger und effektiver ist es, wenn du im Strom des Lebens mitschwimmst, und dich nicht gegen solche Vorkommnisse auflehnst, die du mit deinen Möglichkeiten ohnehin nicht konstruktiv ändern kannst. Somit verschwendest du nur wertvolle Kräfte, die du an anderen Stellen gut gebrauchen könntest.

Richte den Fokus deines Handelns auf solche Ereignisse, die du mit den dir geschenkten

Möglichkeiten beeinflussen kannst, und lass' solche Gedanken und Dinge los, die unnötig Kraft kosten.

23. Wahre Freunde kann man nicht kaufen, denn sie kommen von selbst und sind unbezahlbar.

Im Zeitalter sozialer Netzwerke, wie beispielsweise Facebook & Co. hat längst eine ebenso bedenkliche wie schleichende Entwertung wichtiger Begriffe eingesetzt, die kaum mehr von vielen Menschen wahrgenommen wird.

Ein so wertvoller Begriff wie „Freund" wird nicht selten durch eine virtuelle Un-Kultur sog. „sozialer Netzwerke" entwertet, indem ernsthaft suggeriert wird, so etwas Wertvolles wie Freundschaft ließe sich durch einen schnellen Mausklick in einem Facebook-Profil begründen?!

Was hat es mit Freundschaft zu tun, wenn nicht selten geradezu inflationär ein nichtssagender Button in einem Facebook-Profil angeklickt wird, um somit vorzutäuschen, ein anderer Mensch sei von nun an als Freundin oder Freund anzusehen?

Welch' ein absurder Gedanke, der tagtäglich millionenfach zu beobachten ist, ein kranker Gedanke, über dessen Tragweite nur wenige Menschen ernsthaft nachdenken.

Bedenke: Sprache prägt dein Denken und Handeln – im Guten, wie im Schlechten.

Eine vernebelnde Sprache, die – so steht zu befürchten - nicht selten bewusst irreführend verwendet wird, verzerrt schleichend aber zielstrebig das Denken von dir und deinen Mitmenschen. Erkenne, dass es sich dabei um ein schleichendes Gift handelt, unter dessen Folgen letztlich wir alle zu leiden haben.

Wahre Freunde gewinnst du nicht dadurch, indem du beispielsweise inflationär nichtssagende Freundschafts-Buttons anklickst, sondern vielmehr indem du dich mit leibhaftigen Menschen triffst und auf persönlicher Ebene austauschst.

Keine noch so vielseitig gestalteten Emoticons ersetzen letztlich eine reale Begegnung von Mensch zu Mensch. Lass' dich nicht blenden von falschen Versprechungen, die zu suggerieren versuchen, Emoticons könnten echte Gefühle vermitteln, wie sie in physisch realen Begegnungen zwischen Menschen vorkommen. Nein, das können sie definitiv nicht!

Was ist das für eine geisteskranke Welt, in der Menschen in schier gigantischer Zahl virtuelle Monster jagen, wie beispielsweise der hirnlose Pokemon-Hype gezeigt hat? Gibt es nicht wahrlich ungleich wichtigere Themen, bei denen es sich lohnte, Zeit und Kraft zu investieren? Wie intellektuell und emotional abgestumpft müssen Menschen sein, sich freiwillig einem solchen Irrsinn hinzugeben?

Wie sagte schon der kluge Prof. Weizenbaum: „Wir leben hier in einem Irrenhaus. Doch, doch...". Recht hat der Mann.

Wahre Freunde sind ein kostbares Geschenk, die mit keinem Geld dieser Welt auch nur ansatzweise gekauft werden können. Und das ist auch gut so!

Sei wachsam, und überlege sorgsam, wer eigentlich davon profitiert, dass mehr und mehr Menschen in eine virtuelle Welt abgleiten? Wer hat wohl ein Interesse daran, dass Menschen sich systematisch aus dem realen Leben verabschieden, um schlussendlich nur noch als digitale Datensätze in den schier unendlichen Tiefen gigantischer Computer zu verschwinden? Möchtest du das? Also, kehr' um, bevor es zu spät sein wird!

24. Ignoranz ist die Kunst, mit offenen Augen nicht sehen zu wollen.

Zu den schlimmsten Dingen, die du dir selbst, deinen Mitmenschen und somit der gesamten Welt antun kannst, gehört Ignoranz.

Hast du dich auch schon dabei ertappt, offensichtliche Missstände nicht zur Kenntnis nehmen zu wollen, obwohl diese nicht selten unübersehbar sind?

Verhältst du dich den Sorgen und Nöten deiner Mitmenschen gegenüber ignorant, obwohl deren Beschwernisse unübersehbar sind?

Ignorierst du bewusst Aspekte bei deinem täglichen Konsumverhalten, in dem klaren Wissen, dass auch du und dein Lebensstil in so mancherlei Hinsicht sehr schädlich für andere Menschen ist?

Falls du solche oder ähnliche Fragen mit Ja beantworten musst, frag' dich ernsthaft, was dazu führt, dass du oftmals bewusst ignorant agierst, obwohl das objektiv in den allermeisten Fällen nicht so sein müsste?

Oftmals ist es schlichtweg Bequemlichkeit, dass sich Menschen nicht mit Aspekten schädlichen Verhaltens auseinandersetzen möchten, weil sie genau dann nämlich selbstkritisch reflektieren müssten, dass sie selbst oftmals dazu beitragen, dass sich bestimmte Dinge so misslich darstellen, wie sie es eben tun.

Nicht ohne guten Grund heißt es: "Einsicht ist der erste Schritt zur Besserung." Doch genau dieser erste Schritt fällt vielen Menschen erkennbar sehr schwer. Warum? Nun, oftmals sind verdeckt agierende Ängste ursächlich dafür verantwortlich. Zudem spielt häufig auch die Unfähigkeit, Fehler offen eingestehen zu können, eine zentrale Rolle. Nicht selten verhindert ein übermäßig ausgeprägtes Ego die Erkenntnis, dass man selbst oftmals ursächlich mitverantwortlich dafür ist, dass sich so viele Dinge und Situationen auf dieser Welt so schlimm gestalten.

Möchtest du ernsthaft zu den Menschen gehören, die selbstherrlich, gefühlskalt und ignorant am Leid so vieler Mitmenschen achtlos vorbei gehen, obwohl du bei sorgsamer Betrachtung oftmals sehr wohl die Chance hättest, im Rahmen deiner Möglichkeiten zu helfen?

Hältst du es ernsthaft für verantwortbar, nicht auch selbstkritisch zu reflektieren, ob bzw. inwieweit so manche zumeist gedankenlos praktizierte Lebensweise entscheidend mit dafür verantwortlich ist, dass es so viele Missstände gibt, die du nicht selten selbst beklagst?

Insbesondere Ignoranz deinen Mitmenschen gegenüber gehört zu den schlimmsten Verfehlungen. Eine bewusst praktizierte Ignoranz wird von den meisten Menschen als seelische Grausamkeit wahrgenommen, und führt in vielen Fällen dazu, dass Menschen krank werden, oder sich ab einem gewissen Schwergrad sogar suizidieren.

Sei auch du ein Licht für diese Welt, und prüfe, inwieweit du in deinem Umfeld mit dazu beitragen kannst, diese in weiten Teilen so gefühlskalte und unmenschliche Welt ein wenig freundlicher zu gestalten.

Dabei muss es sich gar nicht immer und grundsätzlich um große, weltbewegende Projekte handeln. Vielmehr hilft es schon, in vergleichsweise banalen Alltagssituationen Ausschau nach Menschen zu halten, die sich über deine ehrliche und offene Anteilnahme freuen. Es ist deine Entscheidung. Jetzt!

25. Lieber ein bis zwei wahre Freunde, statt zehn falsche.

Zählst auch du zu den Menschen, die über ein ausgeprägtes Netzwerk menschlicher Kontakte verfügen?

Dann darfst du dich grundsätzlich glücklich schätzen, denn wissenschaftliche Studien haben klar belegt, dass wahre Freundschaften einen nicht zu unterschätzenden Effekt auf die Gesundheit von Menschen haben.

Der Mensch ist grundsätzlich ein soziales Wesen, und von daher grundsätzlich auf menschliche Kontakte angewiesen. Fehlen diese, wird der betreffende Mensch mit an Sicherheit grenzende Wahrscheinlichkeit auf die Dauer krank.

Entscheidend ist allerdings, sorgsam zu unterscheiden zwischen "wahren Freunden" und "Schönwetterfreunden".

Ob du einen Menschen als wahre Freundin oder als wahren Freund einstufen kannst, wirst du zumeist erst dann merken, wenn sich in deinem Leben Situationen ergeben, die einen vollen Einsatz der betreffenden Menschen fordern.

Oftmals trennt sich vor allem in schwierigen Lebenssituationen die Spreu vom Weizen.

Wahre Freundinnen oder wahre Freunde zeichnen sich vor allem dadurch aus, dass sie dich – auch, und obwohl sie dich sehr gut kennen – stets nach bestem Wissen und besten Kräften unterstützen werden. Zudem darfst du sicher sein, dass nicht diejenigen deine besten Freunde sind, die dir stets "nach dem Mund reden", sondern vor allem solche Menschen, die dir zuweilen auch unbequem erscheinende Dinge kommunizieren; nicht etwa, um dich zu belasten, sondern ganz im Gegenteil, um dir "die Augen zu öffnen" für Aspekte in deinem Leben, die du bisher offenbar selbst so noch nicht wahrgenommen hast.

Sei klug, und betrachte eine konstruktive Kritik nicht – wie leider viel zu viele Menschen – als einen persönlichen Angriff, sondern vielmehr als eine willkommene Chance, eigenes Denken und Handeln selbstkritisch zu reflektieren, mit dem klaren Ziel, besser zu werden.

Schönwetterfreunde sind eher solche, die dich in guten Zeiten wie die Motten das Licht umschwärmen, dann jedoch, sobald es ernst wird, schnell einen Rückzieher machen. Menschen, die so agieren, solltest du in deinem eigenen Interesse nicht mit einem so wertvollen Begriff wie Freund titulieren. Das wäre selbstgewählter und schädlicher Etikettenschwindel.

Freundschaften wollen gepflegt werden. Das bedeutet nicht zwingend, dass es eine übermäßig hohe Frequenz persönlicher Kontakte geben muss, denn die Qualität einer Freundschaft bemisst sich vor allem nach deren menschlicher Tiefe.

Wie enorm wichtig und wertvoll echte Freundschaften sind, merken viele Menschen leider oftmals erst dann, wenn es zu spät ist. Wahre Freundschaft kann und wird nur dann gelingen, wenn alle Beteiligten willentlich und aktiv etwas zu deren Gelingen beitragen. Ansonsten entsteht ein Ungleichgewicht, an dem auf die Dauer nahezu jede Freundschaft zerbricht.

26. Zeit ist kostbar, also verbringe sie mit den richtigen Menschen.

Zeit gehört zu den rätselhaftesten Phänomenen dieses Universums. Schon seit unzähligen Generationen versuchen Menschen diesem geheimnisvollen Phänomen auf die Spur zu kommen.

Neben vielen höchst interessanten Aspekten der Zeit, die vor allem in den Fachbereichen der Physik und der Astrophysik beleuchtet werden, gibt es vor allem eine sehr wesentliche Eigenschaft, die für jeden Menschen von besonderer Bedeutung ist.

Zeit ist ein höchst wertvolles Gut, dessen unwiederbringlicher Wert leider von vielen Menschen überhaupt nicht zur Kenntnis genommen wird. Erst dann, wenn sich die irdische Zeit eines Menschen erkennbar ihrem Ende entgegen neigt, wachen manche Menschen plötzlich auf, und merken, wie verschwenderisch sie mit diesem so immens wertvollen Gut zeitlebens umgegangen sind.

Gerade weil Zeit ein unwiederbringliches Gut ist, solltest du bewusst darauf achten, sie entscheidend für solche Aspekte deines Lebens zu nutzen, denen ein besonderer Wert beigemessen werden kann.

Von besonderem Wert sind vor allem menschliche Begegnungen, ohne die auf die Dauer kaum ein Mensch sinnvoll und glücklich leben kann. Achte darauf, dass du vor allem genügend Zeit mit solchen Menschen verbringst, die dich und deine persönliche Entwicklung konstruktiv begleiten.

Meide bewusst alle Aktivitäten und Kontakte, die sich

nur als Zeit-Vampire herausstellen, und die somit immer wieder wertvolle Anteile deiner kostbaren Lebenszeit vernichten.

Bedenke: Kein noch so großes Vermögen kann und wird dir dabei helfen, verschwendete Zeit wieder einzufangen. Vorbei ist vorbei. Insofern sorgt das Phänomen Zeit in diesem Teilbereich für eine weltumfassende Gerechtigkeit, bei der beispielsweise auch ein Milliardär einem Bettler gegenüber nicht bevorzugt wird. Auch ein Milliardär wird sich keine verschwendete Zeit zurückkaufen können.

Dass Zeit – wie schon Albert Einstein erkannte – eine relative Größe ist, kann jeder Mensch in höchst konkreten Alltagssituationen erleben. So wirst du beispielsweise eine Minute auf einem Zahnarztstuhl relativ als länger empfinden, als beispielsweise eine Minute des Zusammenseins mit einem lieben Menschen. In diesem Fall bezieht sich die Relativität der Zeit auf das emotionale Erleben.

Zudem ist auch nachgewiesen, dass Zeit tatsächlich auch objektiv unterschiedlich schnell oder langsam vergeht. So hat die Astrophysik beispielsweise gezeigt, dass die Zeit in der Nähe massereicher Objekte deutlich langsamer vergeht. Ganz besonders extrem ist das Phänomen der Schwarzen Löcher im All, in deren Innerem die Zeit gänzlich eingefroren wird. Ein höchst faszinierendes Phänomen, das jedoch hier im Rahmen dieses kleinen Büchleins aus verständlichen Gründen nicht weiter ausgeführt werden soll. Interessierte LeserInnen seien hier auf die einschlägige Fachliteratur verwiesen, die es in großer Zahl gibt.

Bedenke: Deine Zeit ist höchst kostbar. Nutze sie klug,

und vermeide jede Art eines verschwenderischen Umgangs mit ihr. Es wird der Tag kommen, an dem du ansonsten bereust, achtlos mit diesem hohen Gut umgegangen zu sein.

27. Die einzige Möglichkeit, etwas vom Leben zu haben, ist, sich mit aller Macht hineinzustürzen! *(Angelina Jolie)*

Hast du schon einmal ernsthaft darüber nachgedacht, was das Wunder des Lebens im Kern auszeichnet?

Erlebst du dich als ein zwar winziges, aber dennoch bedeutsames Teilchen des Großen Ganzen, oder lebst du eher unreflektiert in deinen Tag hinein?

Begreifst du das Wunder des Lebens als ein Geschenk von unschätzbarem Wert, oder "wirst du gelebt" von einem vermeintlich unverzichtbaren und wichtigen Hamsterrad, das dir gar keine Zeit mehr lässt, über die wahrhaft elementaren und wichtigen Fragen nachzudenken?

Bedenke: Wie wichtig mögen wohl die vermeintlich ach so wichtigen Fragen deines Alltags sein im Vergleich zu den Fragen, die den Ursprung des Ganzen beleuchten?

Glaubst du ernsthaft, dass es klug und richtig ist, unverhältnismäßig viel Zeit und Energie auf schier unendlich viele Banalitäten des Alltags zu verschwenden, anstatt die dir geschenkte Zeit entscheidend dafür aufzuwänden, verstehen zu wollen, in welch' gigantische Maschinerie auch du eingebunden bist?

Das Leben ist nicht nur ein Wunder, sondern es ist ein Geschenk von unermesslichem Wert.

Willst du das Leben in seiner Fülle erfahren, dann lass' dich nicht durch irrationale Ängste davon abhalten, es in allen dir möglichen Facetten auszukosten. Bedenke:

Eine zweite Chance wirst du vermutlich – zumindest "in diesem Kino hier" – nicht bekommen. Lebe. Jetzt!

28. Kein Mensch war ohne Grund in deinem Leben. Der eine war ein Geschenk. Der andere eine Lektion.

Hast du dir auch schon einmal die Frage gestellt, warum bestimmte Menschen in dein Leben getreten sind?

Kennst du das auch, dass es Begegnungen in deinem Leben gegeben hat, von denen eine besondere Faszination ausgegangen ist? Im Gegenzug kennst du vermutlich auch Begegnungen, die du als lästig oder belastend wahrgenommen hast...?!

Bedenke: Nichts auf dieser Welt geschieht "zufällig" in dem Sinn, wie wohl die meisten Menschen den Begriff "Zufall" fälschlich verstehen. Zufall, in dem Sinn, wie er in der Alltagssprache zumeist verwendet wird, gibt es de facto so nicht.

Warum? Keine Wirkung ohne Ursache, und für jede Ursache gibt es auslösende Gründe. Die Tatsache, dass Menschen mehrheitlich zu einem letztlich unsinnigen Zufallsbegriff neigen, begründet dadurch, dass sie die oftmals hohe Komplexität einer Situation nicht durchschauen, beweist keineswegs, dass eine solche Situation "zufällig", eben in einer nicht nachvollziehbaren Art und Weise zustande gekommen ist. Es zeigt allenfalls die beschränkte Denkfähigkeit oder den oftmals mangelnden Willen, den Dingen auf den Grund gehen zu wollen.

Menschen, die in dein Leben getreten sind, sind das eben nicht auf der Grundlage eines "zufälligen", nicht verstehbaren Zusammenhangs, sondern vielmehr deshalb, weil sie für dich und sich eine Aufgabe zu erfüllen haben.

In Fällen, bei denen du aus deiner Sicht angenehme Begegnungen gemacht hast, wirst du eine solche Überlegung ggf. gern akzeptieren. Handelt es sich jedoch um Begegnungen, die du als unangenehm oder schwierig erlebst, wirst du womöglich zunächst anzweifeln, dass auch solche Begegnungen sehr wohl gewollt und sinnvoll für dich und dein Leben sein werden.

Sei achtsam, und erkenne, dass du aus jeder Begegnung etwas Sinnvolles für dich und dein weiteres Leben lernen kannst. Dass es sich dabei nicht automatisch und ausschließlich um angenehme Aspekte handelt, liegt in der Natur des Lebens begründet. Das solltest du akzeptieren, und dich nicht dagegen auflehnen. Es wäre ohnehin zwecklos. Das, was geschehen soll, wird auch geschehen; ob du magst, oder nicht.

Sei dankbar für Begegnungen mit Menschen, die dir schöne Momente und wertvolle Denkanstöße vermitteln, ebenso sei dankbar, dass es Menschen gibt, die du womöglich zunächst als unangenehm wahrgenommen hast, die dich aber dennoch – vor allem rückblickend – konstruktiv in deiner Persönlichkeit gestärkt haben.

Merke: Gut oder schlecht sind weniger die Menschen und Umstände als solche, sondern vielmehr deine Betrachtungsweise. Probleme unterschiedlichster Art – im Kleinen, wie im Großen – resultieren häufig weniger aus den Umständen als solchen, als vielmehr aus der Art und Weise, wie du mit echten oder oftmals vermeintlichen Problemen umzugehen gelernt hast.

Sei dankbar für alles das, was du aus unterschiedlichsten Begegnungen mit Menschen lernen kannst. Das gilt sowohl für positive, wie auch für negative Aspekte. Nicht selten verkehren sich vermeintlich negative Aspekte im weiteren Verlauf in positive Entwicklungen, mit denen du nicht rechnest.

29. Mit jeder Minute, in der du wütend bist, verlierst du 60 Sekunden Fröhlichkeit!

Vielleicht hast du auch schon einmal folgenden Leitsatz gehört oder gelesen:

„Über zwei Dinge solltest du dich nicht aufregen. Über solche, die du ändern kannst. Und über solche, die du nicht ändern kannst."

So trivial diese Aussage auch klingt, so wahr ist sie im Kern. Warum? Nun, wenn du es mit einer Situation zu tun hast, die womöglich objektiv schlecht oder aus deiner Sicht ungünstig ist, dann prüfe, ob du mit den dir zur Verfügung stehenden Mitteln eine positive Veränderung herbeiführen kannst?

Falls ja, so gibt es keinen Grund dafür, dass du dich unnötig aufregst oder wütend wirst. Falls nein, gibt es erst recht keinen Grund, wütend zu werden. Dadurch trägst du nicht einmal ansatzweise zur Verbesserung einer misslichen Lage bei, sondern vielmehr schadest du dir selbst.

Warum? Nun, nicht zuletzt medizinisch-psychologische Forschungsergebnisse belegen zweifelsfrei, dass sich Wut – vor allem dann, wenn sie immer wieder unkontrolliert zu einem Kernbestandteil deines Verhaltensrepertoires gehört – massiv gesundheitsschädlich ist. Warum möchtest du dir das freiwillig und zudem völlig unnötig antun?

Wut löst keine Probleme, sondern Wut schafft neue Probleme. Deine Lebenszeit ist viel zu kostbar, als dass du sie mit unnötiger Wut anreichern solltest.

30. Wenn man etwas nicht einfach erklären kann, hat man es nicht verstanden. *(Albert Einstein)*

Ein wahrer Wissenschaftler ist ein Mensch, dem es gelingt, komplexe Zusammenhänge in eine Sprache zu kleiden, die ein jeder normal gebildete Mensch verstehen kann.

Wie wahr.

Ein Mensch, dem dies auf eine ganz besondere Art und Weise gelungen ist, war der leider viel zu früh verstorbene Wissenschaftsjournalist, Prof. Dr. Hoimar von Ditfurth.

Unvergessen sind seine schon in den 70er Jahren des 20. Jahrhunderts im Fernsehen ausgestrahlten Wissenschaftsmagazine aus der Reihe „Querschnitte".

In vorbildlicher Art und Weise war es Prof. Dr. Hoimar von Ditfurth gelungen, komplexe Zusammenhänge aus unterschiedlichsten Bereichen der Naturwissenschaften so zu präsentieren, dass sie für ein breites Publikum verständlich wurden.

Schaut man sich den heutigen Wissenschaftsbetrieb an, fällt leider oftmals auf, dass sich manche der sog. Wissenschaftler nicht selten in vernebelnden Wortkonstruktionen verlieren, die oftmals mit einer undurchschaubaren Menge spezifischer Fachausdrücke überladen werden. Warum? Nun, vermutlich oftmals wohl deshalb, um somit den Anschein herausragender Bildung vorzutäuschen. Eine solche Vorgehensweise, wie sie leider häufig anzutreffen ist, speist sich zumeist auf einem übermäßig ausgeprägten Ego. Hilfreich ist sie keineswegs; weder für diejenigen, die durch einen inflationären Gebrauch spezifischer Fremdwörter auffallen, noch für die jeweiligen Adressaten.

Die wahre Kunst besteht gerade darin, komplexe Sachverhalte zunächst einmal selbst vollständig durchdrungen zu haben, um sie dann anschließend in eine Kommunikationsform – zumeist in Sprache – zu transformieren, die nicht nur für ein sehr eng begrenztes Fachpublikum nachvollziehbar ist, sondern für eine deutlich umfangreichere Gruppe interessierter Menschen, die grundsätzlich gern etwas Neues und Interessantes lernen möchten.

Nicht selten verbirgt sich hinter nebulösen Wortungeheuern eine ans Tageslicht tretende Unfähigkeit, komplexe Zusammenhänge wirklich verstanden zu haben.

Ein inflationärer Gebrauch von Fachwörtern deutet oftmals eher darauf hin, dass der betreffende Mensch entweder entscheidende Aspekte eines Thema selbst nicht richtig verstanden hat, oder dass er nach dem Motto agiert: Mehr Schein als Sein.

Nicht ohne guten Grund heißt es:

Wenn du wissen möchtest, ob du etwas wirklich umfänglich verstanden hast, dann erkläre es einem anderen Menschen, der von dem betreffenden Thema bisher so nichts gehört oder gelesen hat.

Falls es dir gelingt, so zu erklären, dass der andere Mensch anschließend den betreffenden Sachverhalt seinerseits korrekt erklären kann, darfst du davon ausgehen, dass du gute Arbeit geleistet hast, und dass du das Thema tatsächlich verstanden hast.
Merke: Wer lehrt, der lernt.

31. Den richtigen Weg gehst du erst dann, wenn du den Anderen nicht mehr hinterher läufst.

Wie heißt es doch gleich: „Wer zur Quelle will, muss gegen den Strom schwimmen."

Ist dir auch schon aufgefallen, dass viele deiner Mitmenschen wie ferngesteuerte Roboter durchs Leben gehen?

Kennst du auch Menschen, die nahezu jedem noch so unsinnigen Hype hinterher laufen? Menschen, bei denen du den Eindruck gewinnst, dass sie keinerlei eigene Meinung mehr vertreten, sondern nur einem oftmals absurden und destruktiv motivierten Mainstream nachjagen; und das alles nur, um nicht aufzufallen?

Sieh dir die unzähligen, hirnlosen TV-Formate an, bei denen geskriptete Texte einem dumpfen und naiven Publikum vorgaukeln, es handele sich um Ausschnitte aus unserer Realität: Gerichtsshows, Prekariats-TV, niveaulose Talkshows, orientierungslose Teenager, Castingshows in immer absurderen Formaten usw. Diese Liste des Irrsinns ließe sich problemlos deutlich erweitern.

All diesen Formaten ist gemeinsam, dass sie die Menschen systematisch und mit einer geradezu teuflischen Konsequenz immer mehr vom realen Leben, und vor allem von sich selbst entfremden. Die Grenzen zwischen Realität und Virtualität werden systematisch und mit immer erschreckenderer Geschwindigkeit verwischt. Die Konsequenz, die sich längst beobachten lässt, ist u. a. darin zu sehen, dass sich immer mehr Menschen in virtuellen Welten verlieren, und darüber den kommunikativen Austausch mit der realen Welt, mit ihren Mitmenschen mehr und mehr verlieren.

Auch hier muss unbedingt die Frage gestellt werden: Wem nützt das? Wer hat wohl ein Interesse daran, dass immer mehr Menschen wie willenlose und hirnlose Konsumsklaven durchs Leben gehen, ohne dabei zu merken, dass sie von einer vergleichsweise lächerlich kleinen, aber unfassbar mächtigen Clique skrupelloser und korrupter Machtmenschen für finstere Zwecke missbraucht werden?

Symptomatisch für diesen Irrsinn, der sich mittlerweile an unzähligen Beispielen nachweisen lässt, ist beispielsweise die ebenso alberne wie irre Pokemon-Jagd, in deren Rahmen ein unüberschaubar gigantisches Heer willenloser und hirnloser Schwachmaten – nahezu quer durch alle Altersgruppen – wie ferngesteuert mit ihren Smartphones auf Monsterjagd geht, um virtuelle Tierchen, die letztlich nichts anderes sind als digitale Daten, einzufangen.

Wenn man dann sieht, dass komplette Straßen für das Heer solcher Schwachmaten gesperrt werden, muss man doch arg am Geisteszustand derer zweifeln, die solch irre Hypes auch noch befeuern? Hilfe, wir sind von Schwachmaten umzingelt.

Wach' auf, und lass' nicht zu, dass du zum Spielball solcher Mächte wirst, die längst von deiner Naivität profitieren, indem sie dich und dein wahres Selbst systematisch für höchst zweifelhafte Zwecke aussaugen.

Hab' Mut, und bilde dir deine eigene Meinung. Informiere dich in unabhängigen Medien, abseits der Mainstream-Medien, die nachweislich in entscheidenden Fragen nicht selten einen inhaltlich gleichen „Müll" verbreiten, und das unter dem Deckmantel eines vermeintlich seriösen Journalismus.

Längst gibt es gute und vor allem verifizierbare Alternativen, die mehr als deutlich aufzeigen, dass die klassische Medienlandschaft in weiten Teilen einem Mainstream folgt, dessen wahre Motive in vielen Bereichen alles andere als seriös sind.

Dabei handelt es sich auch keineswegs um sog. Verschwörungstheorien, sondern vielmehr immer wieder um Themen, die für das Leben von uns allen elementar wichtig sind.

Ist dir vielleicht auch schon aufgefallen, dass seit geraumer Zeit der Begriff „Verschwörungstheorie" geradezu inflationär verwendet wird? Frag' dich bitte mal, warum das wohl so ist? Nun, es liegt der begründete Verdacht nahe, dass dieses Totschlag-Pseudoargument immer dann bemüht wird, wenn unabhängige Medien mal wieder eine unbequeme Wahrheit enthüllt haben, die finstere Mächte nur zu gern im Verborgenen lassen möchten.

Wach' auf, und informiere dich in unabhängigen Medien – allen voran im Internet. Dort findest du nicht nur eine große Auswahl höchst wichtiger Themen, sondern vor allem auch verifizierbare Quellen, so dass du dir auf der Grundlage deines eigenen Verstandes ein umfassendes Bild verschaffen kannst.

Sei so klug, und löse dich aus der Herde willenloser Lemminge, die nicht selten gebetsmühlenartig Sätze der Art nachplappern, die sinngemäß lauten: „Was soll ich da als einzelner Mensch schon dagegen machen? Das war schon immer so. Ich muss mich um meine Arbeit kümmern, und habe keine Zeit für so etwas...".

Wach' auf, und du wirst begreifen, dass auch du längst zum Spielball einiger weniger geworden bist, die ganz sicher nicht dein Wohl im Fokus der Betrachtung haben, sondern ausschließlich ihr eigenes Wohl. Bedenke, wie absurd es ist, einerseits über so viele Dinge des Lebens zu klagen – z. B. die sich unübersehbar massiv verschlechternden Rahmenbedingungen in der klassischen Arbeitswelt – andererseits aber so ignorant zu sein, nicht zu erkennen, dass letztlich nahezu jeder Mensch durch das eigene Denken und Handeln ursächlich dazu beiträgt, dass sich so viele Dinge des Lebens mit nicht selten beängstigender Geschwindigkeit verschlechtern?

Doch, jeder einzelne, so auch du, kann sehr wohl entscheidend dazu beitragen, dass viele unheilvolle und perspektivisch zerstörerische Entwicklungen so erst gar nicht entstehen. Allerdings muss du dich dann auch bewusst aus deiner Komfortzone herausbewegen.

Das bedeutet, dass du Verantwortung für dein Denken und Handeln übernehmen musst, und dich bewusst aus der Herde willenloser, mainstreamhöriger Lemminge lösen musst. Sobald du erkannt hast, welch' destruktiven Denk- und Verhaltensmustern vermutlich auch du seit langer Zeit kritiklos gefolgt bist, wirst du eine Hallo-wach-Erlebnis spüren, und dich fragen, wie es sein konnte, dass du so lange wie blind durchs Leben gegangen bist.

Bedenke: Auch wenn z. B. 100.000 Menschen – oder mehr – etwas Unsinniges behaupten, dann bleibt es dennoch Unsinn. Lass' dich bitte nicht blenden von einem systematisch vernebelnden Meinungsdiktat herkömmlicher Medien. Du hast deinen eigenen Verstand; nutze ihn. Jetzt!

32. Und was machst du mit deinem geregelten Leben, wenn du feststellst, dass du zu viel regelst, statt lebst?

Zählst du dich auch zu den Menschen, die ernsthaft versuchen, sich gegen jede echte oder vermeintliche Unsicherheit des Lebens absichern zu wollen?

Stellst du bei einer selbstkritischen Überprüfung deiner Lebenseinstellung fest, dass wesentliche Teile deines Denkens um so allerlei Sorgen kreisen, und ver(sch)wendest du vergleichsweise große Energien (Zeit, Kraft, Geld) darauf, jedes Risiko in deinem Leben irgendwie absichern zu wollen?

Falls ja, darfst du dich einreihen in die große Zahl der Menschen, die ebenso wie du dem Trugschluss unterliegen, es sei möglich, sich gegen jedes Risiko im Leben absichern zu können. Nein, das ist aus grundsätzlicher Erwägung heraus prinzipiell nicht möglich.

Damit ist nicht gemeint, dass es in eng umgrenzten Bereichen nicht klug und sinnvoll ist, Vorsorge zu betreiben. Schon klar. Sehr wohl aber gilt es zu erkennen, dass allein schon der Gedanke, du könntest dich gegen alle Unwägbarkeiten deines Lebens durch sog. „Versicherungen" absichern, absurd ist. Nein, das kannst du definitiv nicht.

Die einzigen, die ausnahmslos vom Abschluss unzähliger Versicherungen profitieren, sind die Anbieter. Hast du dir vielleicht schon einmal ernsthaft die Frage gestellt, wie es wohl kommt, dass der Beruf des Versicherungsvertreters nahezu durchweg einen unterirdisch schlechten Ruf hat? Nun, es dürfte wohl entscheidend daran liegen – von wenigen Ausnahmen einmal abgesehen – dass Versicherungsvertreter zumeist eben nicht das persönliche Interesse ihrer Kunden im Fokus der Betrachtung haben, sondern vielmehr und oftmals ausschließlich den Gedanken an eine mehr oder weniger üppige Provision, die sie kassieren, wenn es ihnen gelingt, mal wieder einen leichtgläubigen Menschen zum Abschluss einer oftmals überflüssigen Versicherung überredet zu haben.

Scherzhaft könnte man fragen: Gibt es auch eine Versicherung, mit der man sich gegen das Abschließen unsinniger Versicherungen absichern kann?!

Bedenke: Ja, es ist bedingt klug, notwendig und hilfreich, entscheidende Aspekte deines Lebens zu regeln. Keine Frage.

Allerdings – und genau das vergessen viele Menschen – lässt sich dein Leben auch überregulieren in dem Sinn, dass jegliche Spontaneität schon im Keim erstickt wird. Somit werden Grundaspekte des Lebens unnötig und nicht selten auch mutwillig ignoriert, mit der Konsequenz, dass du über weite Strecken deines Lebens in einem Zustand verharrst, den du als „dauerhaft-unter-Strom-stehen" erlebst. Nicht ohne nachvollziehbare Gründe steigt in weiten Teilen der Bevölkerung das Risiko an einem sog. Burnout zu erkranken. Ein erheblicher Teil dessen, was immer mehr Menschen als belastenden Stress erleben, ist selbstinduziert.

Dies zu erkennen erfordert zunächst eine kritische Selbstreflexion sowie den klaren Willen, unnötige und unsinnige Entscheidungen nicht mehr länger kritiklos für sich und sein Leben zu akzeptieren, sondern Schritte zur Veränderung einzuleiten, die in der Konsequenz dazu führen, dass dein Leben in weiten Teilen erheblich stressärmer und somit auch gesundheitsförderlicher verlaufen kann.

Die Entscheidung liegt bei dir. Hier und Jetzt!

33. Die Körpersprache ist die deutlichste Sprache.

Neben der gesprochenen Sprache stellt die Körpersprache das wichtigste Kommunikationsmittel zwischen Menschen dar.

Gegenüber der gesprochenen Sprache, deren Struktur und Güte sich auch und vor allem durch eine professionelle Rhetorik aufwerten lässt, hat die Körpersprache einen entscheidenden Vorteil.

Welchen? Nun, es gibt entscheidende Aspekte der Körpersprache, die sich entweder gar nicht oder nur äußerst schwierig verstellen lassen, so dass ein Mensch, der das Repertoire diverser Körpersignale zu deuten gelernt hat, sehr viel mehr über einen anderen Menschen erfährt als nur das, was der betreffende Mensch mittels gesprochener Sprache preisgibt.

Die Körpersprache, die vor allem nonverbale Signale vermittelt, ist für geübte Decodierer eine wahre Fundgrube menschlicher Befindlichkeiten. Über die Körpersprache wird nicht selten sehr viel mehr an Information übertragen, als dies mittels gesprochener Sprache allein möglich ist.

Sowohl im Privatleben, wie auch im beruflichen Alltag ist es von nicht zu unterschätzender Bedeutung, wesentliche Aspekte der Körpersprache zu kennen bzw. diese ggf. auch selbst aktiv einzusetzen. Es lohnt sich, dass du dich intensiv mit diesem Thema befasst, denn schon bald wirst du in der Kommunikation mit anderen Menschen sehr viel mehr erfahren, als das bisher allein aufgrund gesprochener Sprache möglich gewesen ist. Lass' dich mal überraschen, und studiere entsprechende Fachliteratur; das ist sehr spannend!

34. Du musst die Vergangenheit loslassen, damit die Zukunft eine Chance hat.

So sehr es menschlich verständlich ist, so sehr ist es lähmend, wenn du dich über Gebühr damit grämst, dass sich bestimmte Dinge in deinem Leben bisher nicht so zugetragen haben, wie du dir das vielleicht gewünscht hast.

Zugegeben, es ist sicher erheblich schwieriger, sich von Ereignissen deines Lebens zu lösen, die eine besondere Bedeutung für dich hatten, als von solchen Situationen, die sich vielfach in unterschiedlichster Art und Weise in deinem Alltag ereignen, die dir – aus welchen Gründen auch immer – nicht gefallen haben.

Dennoch ändert das faktisch nichts daran, dass du einzig und allein im Hier und Jetzt neue Weichen für dein Leben stellen kannst. Das, was in deiner Vergangenheit geschah, ist definitiv und unwiderruflich vorbei.

Das magst du – teils sicher auch aus verständlichen Gründen – bedauern, aber es ändert nichts daran, dass es so ist!

Von daher ist der vor allem auch aus dem Kreis östlicher Philosophien bekannte Rat des Loslassens ein ebenso kluger wie hilfreicher Denkansatz.

Zugegeben, insbesondere dann, wenn du beispielsweise emotional stark belastende Situationen in deinem Leben zu verarbeiten hast, mag die Empfehlung des Loslassens erschreckend banal bzw. sogar unmöglich erscheinen. Dennoch wird allein das Loslassen belastender Erfahrungen dazu führen, dass du wieder einen freien Blick auf dein Leben bekommst.

Durch ein endloses Kleben an deiner Vergangenheit beraubst du dich unnötig wertvoller Kräfte, die du mit Blick auf das Hier und Jetzt erheblich sinnvoller und zielführender einsetzen könntest.

Loslassen bedeutet nicht, dass du negativ belastende Ereignisse komplett vergessen sollst, oder gar leugnest, dass es sie jemals gegeben hat. Wohl aber bedeutet es, dass du dich bewusst gedanklich und emotional von belastenden Ereignissen lösen solltest, da sie dein Leben schleichend aber unerbittlich auf eine Lebensschiene bringen, die alles andere als gut und schön sein wird.

Ja, es ist mitunter sehr schwierig, belastende Ereignisse deines Lebens neu zu justieren; aber es ist eine unverzichtbare Voraussetzung dafür, dass du aktiv und zielsicher dafür sorgst, dein Leben auf das neu auszurichten, was im Hier und Jetzt sowie in deiner Zukunft liegt. Die Vergangenheit kannst du definitiv nicht mehr korrigieren. Sehr wohl aber kannst du dafür sorgen, dass „störende Geister aus deiner Vergangenheit" dich nicht mehr länger daran hindern, einen für dich neuen, erfreulicheren Weg zu wählen. Insbesondere bei traumatischen Erlebnissen ist es nahezu immer unverzichtbar, dass du dir eine neutrale, professionelle Unterstützung an deine Seite holst. Niemand verlangt, dass du massiv belastende Ereignisse deiner Vergangenheit allein im stillen Kämmerlein lösen musst.

Bedenke: Im Gegensatz zu einer leider weitläufig verbreiteten Irrmeinung ist es nämlich ein Zeichen deiner persönlichen Stärke, wenn du erkennst, *dass* du Hilfe brauchst, und nicht etwa ein Zeichen persönlicher Schwäche. Indem du einen dir vertrauenswürdig erscheinenden, empathischen, kompetenten und zuverlässigen Menschen zur Hilfe holst, zeigst du persönliche Stärke, die dir im weiteren Verlauf zu neuer Lebensfreude verhelfen wird. Nutze deine Chance!

35. Es sind nicht die Glücklichen, die dankbar sind, sondern die Dankbaren, die glücklich sind.

Hast du vielleicht auch schon einmal darüber nachgedacht, dass so viele Menschen keine Dankbarkeit gegenüber vermeintlich selbstverständlich erscheinenden Ereignissen und Menschen empfinden?

Sauberes Wasser, atembare Luft, wertvolles Essen, ein Dach über dem Kopf, honorierte Arbeit, liebe Menschen und so vieles mehr.

Bedenke, dass alles das keineswegs selbstverständlich ist, und sei froh und dankbar dafür, dass du in einem Teil dieser Welt geboren wurdest, dessen Lebensqualität für sehr weite Teile der Menschheit nicht einmal ansatzweise erreichbar erscheint.

Mache dir bewusst, dass es nicht etwa dein Verdienst ist, unter vergleichsweise glücklichen Lebensumständen geboren worden zu sein, sondern vielmehr ein unverdientes Geschenk, dessen Kostbarkeit du dir immer wieder bewusst machen solltest.

Eine der besten Methoden, mit denen du dir selbst etwas Gutes tun kannst, ist es, bewusst Dankbarkeit zu empfinden und Dankbarkeit praktisch in deinem Alltag zu leben.

Eine bewusst wahrgenommene und praktizierte Dankbarkeit Menschen und wertvollen Geschenken des Lebens gegenüber, erzeugt in dir automatisch ein Wohlgefühl.

Sieh dich bitte bewusst um in deinem Leben, und du wirst eine Fülle von Dingen entdecken, die du bisher vielleicht eher achtlos in Anspruch genommen hast, ohne zu merken, wie außerordentlich wertvoll sie für dich und dein Leben sind.

Oftmals sind es die vermeintlich einfachen Dinge, die dein Leben erst lebenswert machen, oder die dir dein Leben überhaupt erst ermöglichen.

Bedenke: Wie lange könntest du wohl überleben, hättest du kein sauberes Wasser? Wie lange könntest du ohne saubere Luft leben? Diese und viele weitere vermeintliche Selbstverständlichkeiten sind es, die es ermöglichen, dass du überhaupt dein Leben genießen kannst.

Wie lange könntest du ohne zuverlässige Sozialkontakte, wie beispielsweise deine Familie, deine Freunde usw. überleben? Auch du bist als ein soziales Lebewesen dringend auf tragfähige Sozialkontakte angewiesen. Bedenke, dass diese sprichwörtlich überlebensnotwendig sind.

Sobald du dir diesen ebenso trivialen wie unbestreitbaren Tatbestand verdeutlichst, sollte dir bewusst werden, wie wichtig und wertvoll es ist, dass du Dankbarkeit gegenüber den Menschen empfinden solltest, die dich und dein Leben auf so vielerlei Art und Weise bereichern.

Ohne die Existenz anderer Menschen könntest du auf dieser Erde keine nennenswerte Zeit überleben. Ist dir das bewusst? Sie achtsam, und spüre, dass eine bewusst praktizierte Dankbarkeit dich und dein Leben auf eine wunderbare Weise bereichert.

Du bist nicht allein.

36. *Das beste Geschenk, das du jemandem machen kannst, ist deine Zeit, deine Aufmerksamkeit und deine Liebe.*

Ist dir auch schon aufgefallen, dass viele Menschen den Begriff „Geschenk" zumeist automatisch mit etwas Materiellen in Verbindung bringen?

Leider wird dabei oftmals übersehen, dass sich die wahrhaft wertvollsten Geschenke mit keinem Geld dieser Welt kaufen lassen.

Zeit, Aufmerksamkeit und vor allem Liebe sind die wertvollsten Geschenke, die du anderen Menschen machen kannst.

Das höchst wertvolle Gut „Zeit" wird leider von vielen Menschen völlig achtlos behandelt. Sieh dich bitte mal um, und werde dir bewusst, wie viel deiner wertvollen Zeit vermutlich auch du immer wieder gedankenlos verschwendest. Kein noch so großes finanzielles Vermögen wird dir oder einem anderen Menschen auch nur eine Sekunde Lebenszeit zurückgeben.

Auch das Geschenk der „Aufmerksamkeit" wird leider von vielen Menschen gar nicht bewusst zur Kenntnis genommen. Bedenke: Schlimmer als so manches physische Leid, das Menschen erleiden, ist eine fortgesetzte Ignoranz. Menschen, denen über längere Zeiträume keine Aufmerksamkeit geschenkt wird, verkümmern. Die langfristige Folge sind dann nicht selten Depressionen, bis hin zum Suizid. Wusstest du, dass mehr als doppelt so viele Menschen in jedem Jahr durch Suizid ums Leben kommen, als durch Verkehrsunfälle? Nicht selten geht einem Suizid ein jahrelanges, stilles Leiden der Betreffenden voraus, das oftmals auch dadurch verursacht worden ist, diesen Menschen keine oder nicht genügend Aufmerksamkeit geschenkt zu haben.

Jeder, so auch du, bekommt nahezu täglich neue Möglichkeiten geschenkt, achtsam mit deinen Mitmenschen zu kommunizieren. Es müssen nicht immer die vermeintlich großen Ereignisse sein, die Menschen als sehr wertvoll erleben. Oftmals sind es die eher kleinen Gesten der Aufmerksamkeit, wie ein freundlicher Blick, ein nettes Wort, eine persönliche Anteilnahme an so mancher Widrigkeit, die deinen Mitmenschen zustößt, die Menschen als wertvoll und heilsam wahrnehmen.

Die größte, umfassendste und zugleich mächtigste Kraft, die das ganze Universum durchzieht, ist die Liebe. Nichts auf dieser Welt, schon erst recht nicht die Menschen, werden ohne Liebe überleben können.

Bedauerlicherweise gibt es kaum einen anderen Begriff, der so oft und in einer so unverantwortlichen Art und Weise missbraucht wird, wie eben der Begriff Liebe.

Wahre Liebe, die diesen Namen verdient, ist sehr weit entfernt von einem Verständnis, wie es leider in weiten Teilen der Bevölkerung verbreitet zu sein scheint.

Es ist schändlich und dumm zugleich, so etwas Wertvolles wie Liebe immer wieder – sei es gedankenlos oder gar bewusst – in Verbindung mit Verhaltensweisen zu bringen, die um Lichtjahre von dem wahren Kern des Begriffs Liebe entfernt sind.

Zwei Begriffe, die erkennbar auch immer wieder verwechselt werden, sind die Begriffe Verliebtheit und

Liebe. Viele Menschen sind sich offenbar der fundamentalen Unterschiede nicht wirklich bewusst.

Das Gefühl der Verliebtheit entsteht vor allem auf der Grundlage neurophysiologischer Prozesse im Gehirn, die durch diverse Botenstoffe, wie beispielsweise Serotonin und Dopamin reguliert werden. Die Evolution hat nicht ohne gute Gründe dafür gesorgt, dass solche chemischen Prozesse entscheidend und fundamental dafür sorgen, dass sich Menschen zueinander hingezogen fühlen.

Allerdings – und das vergessen viele Menschen – lässt das Gefühl der Verliebtheit aus sprichwörtlich „natürlichen" Gründen nach spätestens etwa zwei Jahren signifikant nach. Warum ist das so?

Nun, zunächst mag man das als bedauerlich wahrnehmen, doch es gibt gute Gründe dafür, dass die Natur das genau so eingerichtet hat. Spätestens dann nämlich, wenn aufgrund eines geänderten chemischen Cocktails im Gehirn die typischen Begleiterscheinungen einer Verliebtheit sich verändern, kann das Gefühl der Verliebtheit in wahre und dauerhafte Liebe umgewandelt werden. Spätestens dann wird sich zeigen – was evolutionsbiologisch völlig normal ist – ob es sich bei einer bis dahin wahrgenommenen Verliebtheit tatsächlich um Liebe handelt, oder ob primär eher ein lustvoller Hormoncocktail dafür gesorgt hat, dass sich Menschen zueinander hingezogen gefühlt haben.

Wahre Liebe ist ein viel tieferes und wertvolleres Gefühl als das Gefühl der Verliebtheit, das aus biologischen Gründen einer deutlich kürzere Halbwertszeit hat als eben wahre Liebe, die diesen Namen auch tatsächlich verdient.

Von daher solltest du bitte niemals Verliebtheit mit Liebe verwechseln, denn es sind zwei fundamental unterschiedliche Aspekte des Lebens. Nicht zuletzt die Forschung belegt, dass wahre Liebe sehr wohl auch ohne eine vorhergehende Verliebtheit entsteht, und diese ist – wie sich immer wieder nachweisen lässt – in den meisten Fällen dann auch von einer höheren Beständigkeit geprägt, als eine solche Liebe, der eine perspektivisch tragfähige Basis fehlt.

Ein Mensch, der verliebt ist, liebt vor allem den emotionalen Rausch, der aus sprichwörtlichen natürlichen Gründen durch chemische Prozesse im Gehirn ausgelöst wird. Mit wahrer Liebe hat ein solches Gefühl, das zwar sehr schön sein kann, wenig bis gar nichts zu tun.

Wahre Liebe zeichnet sich vor allem dadurch aus, dass sie – auch nach dem Abklingen des chemischen Rausches – den geliebten Menschen in seiner Ganzheit wahrnimmt, und alles versuchen wird ein stabiles Gefühl von dauerhafter Gemeinsamkeit zu entwickeln.

Genau dieses ehrliche Bestreben ist es, die wahre Liebe von dem unterscheidet, was Verliebtheit oftmals auszeichnet. Ob ein Mensch deiner Liebe würdig ist, wirst du vor allem dann merken, wenn es – so auch in deinem Leben – Momente und Ereignisse gibt, bei denen sich die Liebe bewähren muss. Unzählige Beispiele belegen, dass das Gefühl der Verliebtheit sehr schnell in Ignoranz und sogar Abneigung umschlagen kann, sobald äußere Umstände eine vermeintlich „heile Welt" durch unvorhersehbare Ereignisse ins Wanken bringen.

Nicht ohne Grund heißt es: Verliebtheit macht blind.

Dass das nicht nur ein Spruch ist, belegen schon längst seriöse Forschungsergebnisse. Wahre Liebe ist viel mehr als nur ein vergängliches Gefühl mit einer kurzen Halbwertszeit. Wahre Liebe ist das größte Geschenk, das dir dein Leben schenken kann, bzw. das du anderen Menschen machen kannst. Nutze deine Chance. Jetzt!

37. *Wer anfängt zu schweigen, spricht härter mit einem Menschen, als es Worte je tun könnten.*

Hast du vielleicht auch schon Situationen erlebt, bei denen du dich beispielsweise im Rahmen eines Meinungsstreits bewusst einer offenen und fairen Diskussion entzogen hast?

Zugegeben, ja, es gibt fraglos Situationen, bei denen ein kluges, temporäres Schweigen sinnvoll und hilfreich sein kann. Doch hier geht es um etwas anderes.

Es geht darum, zu begreifen, dass ein als grundsätzlich kultiviertes Verhaltensmuster praktiziertes Schweigen ebenso unsinnig wie höchst destruktiv ist.

Warum? Nun, dann, und nur dann, wenn du dich offen und ehrlich mit anderen Menschen austauschst – das gilt vor allem in kritischen Streitsituationen – gibst du anderen Menschen und somit auch dir selbst eine faire Chance, nachvollziehen zu können, warum Menschen so denken und handeln, wie sie es eben tun.

Eine Mauer des Schweigens aufzubauen ist grundsätzlich keine sinnvolle und zielführende Kommunikationsart, die vor allem von Erwachsenen so nicht praktiziert werden sollte.

Sofern du selbstkritisch analysierst, wirst du feststellen, dass es nahezu immer die gleichen Gründe sind, warum vielleicht auch du das Schweigen zu deinem Kommunikationsrepertoire zählst, ohne vermutlich bisher schon einmal bewusst darüber nachgedacht zu haben, wie unsinnig und vor allem wie destruktiv so etwas ist.

Verletzte Eitelkeit, vermeintliche Angriffe gegen dein Selbst, sprichwörtliches Unverständnis sowie nicht selten vor allem auch eine geradezu kindlich-bockige Sturheit sind es, die vielleicht auch dich schon haben so agieren lassen?!

Dann, und nur dann, wenn du mit den Menschen sprichst, besteht eine realistische Option darauf, dass ein Streit – wie immer er auch begründet gewesen sein mag – beigelegt werden kann. Meinungsverschiedenheiten, insbesondere solche, die zentrale Kernbereiche des Werteverständnis betreffen, die nicht offen und fair ausgetragen werden, entfalten nahezu immer eine im Hintergrund schwelende Unzufriedenheit, bis hin zum Hass.

Prüfe selbstkritisch, ob nicht vielleicht auch du immer mal wieder Situationen erlebst, bei denen du dich nur deshalb in Schweigen hüllst, weil du womöglich keine ernsthaften Gegenargumente hast?! Vielleicht fällt es dir schwer, zuzugeben, dass auch du dich in deiner Einschätzung an der einen oder anderen Stelle geirrt hast?!

Nahezu immer resultiert die kommunikative Unfähigkeit destruktiven Schweigens daraus, dass Menschen schon in einer frühen Phase ihres Lebens nicht gelernt haben, dass Konflikte zum Leben gehören, und dass es gut und richtig ist, achtsam, respektvoll und fair miteinander zu kommunizieren.

Bockiges Schweigen löst keine Probleme, sondern schafft zumeist deren neue. Bedenke: Vor allem wiederholtes Schweigen über längere Zeiträume ist geradezu ein Folterinstrument, mit dem du Menschen sehr verletzten kannst. Möchtest du das wirklich?

38. *Das Leben hat mir viele Lektionen erteilt. Die wichtigste, die ich niemals vergessen werde, ist die Dankbarkeit!* *(Önder Demir)*

Eines der größten und wertvollsten Geschenke, das du dir selbst machen kannst, ist, bewusst wahrzunehmen, dass es schier unendlich viele Dinge in deinem Leben gibt, für die du eine offene und ehrliche Dankbarkeit zeigen solltest.

Ist es beispielsweise selbstverständlich, dass du dich in unseren Breitengraden im Regelfall nicht darum sorgen musst, täglich genug zu essen und zu trinken zu haben?

Nein.

Ist es selbstverständlich, dass du an einem Ort wohnst, der vergleichsweise viel Sicherheit bietet?

Nein.

Ist es selbstverständlich, dass es Menschen gibt, die sich um dich sorgen, Menschen, denen du viel bedeutest, und die dir – teils auch subtil – hilfreiche Dienste für dich und deine persönliche Weiterentwicklung angedeihen lassen, ohne, dass du das jemals zur Kenntnis nimmst?!

Nein.

Sei achtsam, sieh dich um, und du wirst unzählige Aspekte in deinem Leben entdecken, die alles andere als selbstverständlich sind. Sei dankbar für die reichen Gaben, die dir das Leben in unterschiedlichster Art und Weise – sprichwörtlich unverdient – in deine Wiege gelegt hat. Teile das dir geschenkte Glück, und du wirst feststellen, dass es sich dadurch vermehrt – sowohl für andere Menschen, als auch für dich.

39. *Das Vertrauen ist eine zarte Pflanze. Ist es zerstört, so kommt es so bald nicht wieder.*

Hast du vielleicht schon einmal darüber nachgedacht, welches wohl die wichtigste Währung auf dieser Welt ist?

Dollar, Euro, Yen, Krone usw.?

Nein, nichts davon stimmt!

Die mit Abstand wichtigste und zugleich wertvollste Währung heißt Vertrauen. Kein noch so umfangreiches finanzielles Vermögen vermag das zu erwerben, was sich Vertrauen nennt. Vertrauen musst du dir im wahrsten Sinne des Wortes ehrlich verdienen. Allerdings bekommt der Begriff „verdienen" in diesem Zusammenhang eine gänzlich andere Bedeutung als die, die wohl die meisten Menschen spontan damit assoziieren. Es ist gut so, dass sich Vertrauen nicht kaufen lässt. Schon allein daran lässt sich ablesen, wie wertvoll Vertrauen ist. Somit reiht sich Vertrauen nahtlos ein in die Reihe der wirklich wichtigen Dinge in deinem Leben, die sich – zum Glück – mit keinem Geld dieser Welt kaufen lassen: Liebe, Zeit, Achtsamkeit.

Bedenke: Vertrauen lässt sich nicht erzwingen. Vielmehr ist es eine zunächst zarte Pflanze, die behutsam wachsen möchte, und die vor allem auch gepflegt werden möchte. Du selbst kannst entscheidend Einfluss darauf nehmen, ob bzw. in welcher Art und Weise andere Menschen dir vertrauen.

Behüte das Vertrauen wie einen wertvollen Schatz, der dich und dein Leben enorm bereichern kann.

40. Im Alter bereust du vor allem die Sünden, die du nie begangen hast.

Hast du dich vielleicht auch schon dabei ertappt, dass dein Denken und Handeln vorwiegend um schier unzählig viele Aspekte vermeintlicher Sicherheit kreist?

Unterliegst du womöglich dem Trugschluss, dass du dich und dein Leben unbegrenzt und ausnahmslos „versichern" könntest gegen eine schier unüberschaubare große Zahl potenzieller Risiken?

Dann sei gewiss, dass du unnötig viel Kraft und Zeit in eine vermeintliche Sicherheit investierst, die es objektiv und aus sehr grundsätzlicher Erwägung heraus so faktisch gar nicht gibt.

Gib dir selbst die Chance, unsinnige und lähmende Glaubenssätze als das zu entlarven, was sie zumeist sind: Massive Hemmnisse auf deinem ganz individuellen Lebensweg.

Wer kennt sie nicht, Sprüche der Art:

„Was sollen denn die Leute denken?"
„So etwas tut man nicht."
„Du musst immer brav sein."

Glaubenssätze, die übrigens nichts mit einer religiösen Ausrichtung zu tun haben, beschreiben in der Psychologie Denkmuster, die Menschen vor allem schon während der Kindheit und in der Jugendzeit im Rahmen der Erziehung verinnerlicht haben.

Bedenklich, und nicht selten massiv schädigend, sind negative Glaubenssätze vor allem deshalb, weil sie oftmals das weitere Leben der Menschen empfindlich einschränken. Nicht selten leiden Menschen – oftmals sogar unbewusst – unter eingetrichterten Glaubenssätzen, die sie in ihrer Kindheit und Jugendzeit anerzogen bekommen hatten, zu denen oftmals die Kraft fehlt, diese dorthin zu befördern, wo sie zumeist hingehören: in die „seelische Abfalltonne".

Ebenso tragisch wie perspektivisch destruktiv dabei ist, dass Glaubenssätze vorwiegend in einer Lebensphase in die Gehirne junger Menschen implantiert werden, während der Menschen besonders empfänglich für solche Indoktrinationen sind.

Zumeist liegt wohl keine böse Absicht vor, doch sind die Folgen solcher negativen Glaubenssätze massiv schädlich. Gerade weil das nachweislich und unbestreitbar so ist – betrachte mal nur die Fallzahlen in psychologischen und psychotherapeutischen Praxen - in deren Rahmen viele Menschen aufgrund psychischer Spätfolgen unsinniger Glaubenssätze behandelt werden, dann wirst du begreifen, welch zerstörerisches Potenzial diesen Glaubenssätzen innewohnt. Wichtig ist, zu erkennen, *dass* und *wie* negative Glaubenssätze das Leben vieler Menschen zumeist schleichend negativ infiltrieren. Dies zu leugnen, ist dumm und naiv zugleich.

Durchforste deinen ganz spezifischen „Keller", in dem auch du bestimmt fündig wirst. Lass nicht zu, dass dich internalisierte Glaubenssätze in deiner persönlichen Entwicklung empfindlich hemmen, oder dich sogar daran hindern, das zu tun, was dich und dein Leben entscheidend bereichern kann.

Bedenke: Die mit Abstand häufigste Antwort auf dem

Sterbebett, auf die Frage, was Menschen am meisten bereuen, lautet: „Nicht das getan und gelebt zu haben, was man eigentlich so sehr wollte." Du kannst es besser machen!

41. Man meistert seine Zukunft mit den Erfahrungen der Vergangenheit.

Kennst du das auch, dass du dir zuweilen wünschst, du hättest in der einen oder anderen Situation deines bisherigen Lebens anders entschieden, als du es getan hast?

Trauerst du vermeintlichen oder womöglich echten Chancen hinterher, die du nur deshalb verpasst hast, weil du entweder vorschnell entschieden hattest, oder gar zu keiner klaren Entscheidung gekommen warst?

Dann bedenke: Das, was vergangen ist, ist unwiderruflich vorbei. So sehr du dich auch grämen magst, es ändert faktisch nichts daran, dass es so ist.

Einfluss nehmen kannst du allenfalls auf das Hier und Jetzt sowie mittelbar vielleicht auf das, was in deiner Zukunft geschieht. Doch sei dir bewusst, dass deine Möglichkeiten der Einflussnahme mitunter sehr viel kleiner sind, als du es dir vielleicht wünschst. Vieles in deinem Leben – vor allem Entscheidendes – wird nicht selten von Kräften gelenkt, auf die du erst gar keinen Einfluss nehmen kannst. Nenne es, wie du willst: Ob Vorsehung, Schicksal, Fügung oder wie auch immer. Bedenke, dass auch du eingebunden bist in das Große Ganze; und eben dieses wird von einer kosmischen Intelligenz gesteuert, die auch deine Vorstellungskraft mit Sicherheit schier unermesslich übersteigt.

Wichtig für dich und dein Leben ist, dass du aus gemachten Erfahrungen etwas lernst. Das gilt für gute und schlechte Erfahrungen gleichermaßen; insbesondere für die schlechten.

Die Tatsache allein, dass du vielfältige Erfahrungen gemacht hast, besagt zunächst einmal nicht sehr viel. Erst recht nicht ist es automatisch eine Garantie dafür, dass du aus gemachten Erfahrungen etwas gelernt hast. Entscheidend ist, dass du bewusst selbstkritisch reflektierend agierst, um dir somit jeweils eine echte und hilfreiche Chance zu geben, zukünftig klüger bzw. effektiver handeln zu können.

Wichtig ist, dass du bewusst offen dafür bist, ernsthaft etwas aus gemachten Erfahrungen lernen zu wollen. Leider erkennen viele Menschen nicht den Wert vor allem negativer Erfahrungen, da sie – zumeist erziehungsbedingt – gelernt haben, dass Fehler oder schlechte Erfahrungen pauschal ungünstig seien. Dem ist aber mitnichten so.

Menschen sind – ob sie wollen, oder nicht – grundsätzlich und ausnahmslos niemals fehlerlos. Von daher ist es nur eine Frage der Zeit, bis sich Fehler oder teils auch negative Erfahrungen zeigen.

Negative Erfahrungen zu machen, das gehört zum Leben im allgemeinen, und somit auch zu deinem Leben, dazu. Daran ist weder etwas falsch, noch ist es schlimm.

Schlimm und unklug allein ist es, aus Negativerfahrungen nicht die richtigen Schlüsse für zukünftiges Denken und Handeln zu ziehen.

Wie sagte schon der kluge Albert Einstein:

„Nur ein Dummkopf denkt und handelt immer wieder gleich, und wundert sich dann, dass es keine Verbesserungen gibt.". Wie wahr.

42. Hoffnung ist eine Flamme, die ständig flackert, aber nie erlischt.

Was wäre diese Welt ohne Hoffnung?

Hoffnung, vor allem dann, wenn sie eine begründete Grundlage hat, ist eine entscheidende Antriebsfeder für menschliches Handeln.

Zu unterscheiden sind einerseits eine Form von Hoffnung, die auf der Basis objektiv oder subjektiv ungünstiger oder schlimmer Ereignisse entsteht, andererseits eine Form von Hoffnung, die sich aus einer ohnehin schon guten Ausgangssituation auf die Erfüllung eigener Wünsche entwickelt.

Insbesondere im erstgenannten Fall ist Hoffnung nicht selten ein sehr entscheidender, wenn nicht sogar *der* entscheidende Aspekt, der Menschen noch am Leben erhält.

Für Menschen, die beispielsweise unter einer lebensbedrohlichen Krankheit leiden, bietet die Hoffnung auf Besserung oder Gesundung ein wichtiges und hilfreiches Kräftereservoir, aus dem die Betreffenden schöpfen können. Für Menschen, denen es eher gut geht, hat Hoffnung eine andere Bedeutung. Zumeist wird hier die Hoffnung mit der Erfüllung von Wünschen verknüpft sein, deren Erfüllung keine lebenserhaltende Notwendigkeit darstellen.

Bedenke: Hoffen darfst du grundsätzlich immer. Vergiss dabei bitte nur nicht, dass du oftmals zunächst selbst die entscheidenden Voraussetzungen dafür schaffen musst, damit deine Hoffnung eine begründete Basis hat.

43. Genieße den Moment, bevor er zur Erinnerung wird.

Vielleicht hast du dich auch schon einmal gefragt, was Menschen beispielsweise im Urlaub dazu antreibt, gigantische Mengen von Fotos anzufertigen, wobei nicht selten der Blick und die Empfindung für den jeweiligen Moment auf der Strecke bleibt?

Oftmals könnte man den Eindruck gewinnen, dass manche Leute vor allem deshalb in den Urlaub fahren, um dort die Speicherkarten von Handys, Smartphones usw. mit schier endlosen Mengen an Fotos zu bestücken, um diese dann nach der Rückkehr aus dem Urlaub auf noch größeren Speichermedien zu archivieren?!

Der Blick für den Moment, die physisch und emotional erlebbaren Situationen werden dabei nicht selten kaum bzw. gar nicht mehr bewusst wahrgenommen. Wäre es da nicht einfacher, kostengünstiger und bequemer, die betreffenden Menschen holten sich die gewünschten Fotos sofort aus dem Internet? Es ist nicht nötig, dass jeder der so agierenden Touristen physisch vor Ort präsent sein muss, um beispielsweise das x-millionste Foto von verschiedenen Sehenswürdigkeiten anzufertigen, die doch ohnehin schon in schier unüberschaubar gigantischen Mengen im Internet frei verfügbar sind.

Zugegeben, das ist erst einmal eine Provokation; wenngleich hier auch eine bewusst platzierte.

Im Ernst: Lass nicht zu, dass die technischen Möglichkeiten, die bei moderater Anwendung unbestreitbar auch Vorteile haben, dich schleichend von so vielen sinnlichen Erlebnissen abhalten, die du – zumindest auf absehbare Zeit – nur real erleben kannst.

44. Man sollte nie im Streit auseinandergehen, denn man weiß nicht, was morgen passiert.

Hast du es auch schon erlebt, dass du im Rahmen eines Streits womöglich beleidigende oder verletzende Aussagen gemacht hattest, die dir dann kurze Zeit später leid taten?

Hast du es auch schon erlebt, dass die Wirkung unbedacht geäußerter Worte womöglich sogar eine Freundschaft oder eine sonstige Beziehung vollständig zerstört hat, oder diese zumindest arg beschädigt hat?

Bedenke, was immer es auch zu besprechen geben mag, vergiss bitte niemals, dass dein Gegenüber ein Mensch ist, der – ebenso wie du – Gefühle hat, die nicht leichtfertigt verletzt werden dürfen. Wie schnell kann es geschehen, dass „im Eifer eines Wortgefechts" böse Worte fallen, die mitunter eine verheerende Wirkung entfalten können? Insbesondere dann, wenn du Begriffe oder Themen ansprichst, die für deine GesprächspartnerInnen in Teilen solche Bereiche betreffen, die empfindlich vorbelastet sind – sei es durch traumatische Erlebnisse oder sonstige Ereignisse, die für die betreffenden Menschen einen schmerzhaften Einschnitt in deren Psyche bewirkt haben – solltest du behutsam und achtsam mit der von dir gewählten Sprache umgehen.

Insbesondere Menschen, die erkennbar von ihren Gefühlen entkoppelt sind, versuchen in solchen Situationen vorschnell und plump zu beschwichtigen, so nach dem Motto: „"Sei doch nicht so empfindlich. Man muss nicht jedes Wort auf die Goldwaage legen. Sei keine Mimose."

Abgesehen davon, dass solche Aussagen in der Konsequenz unsinnig sind, zeigen sie vor allem, dass der betreffende Mensch entweder nicht verstanden hat, welch verheerende Wirkung eine unbedacht gewählte Sprache haben kann, oder – und das zeigt nicht zuletzt die psychologische Praxis – dass solche Menschen Angst vor einem offenen Umgang mit den eigenen Gefühlen haben. Reaktionen der oben genannten Art, die zumeist vermeintlich flapsig und locker erscheinen sollen, sind es definitiv nicht. Das zeigt sich vor allem auch daran, dass solche Menschen – spricht man sie auf deren unachtsame Sprache an – oftmals reflexhaft aggressiv reagieren. Warum tun sie das? Entscheidend aus Angst. Offenbar gab es in deren Biografien ein destruktives Lernmuster, das den ebenso unsinnigen wie lebensbegleitend zerstörerischen Glaubenssatz kommuniziert hat, der da lautet: Du darfst deine Gefühle nicht zeigen. Wenn du deine wahren Gefühle offenbarst, zeigst du Schwäche.

Glaubenssätze dieser oder ähnlicher Art prägen sich leider tief in das Gedächtnis ein, und bedauerlicherweise gelingt es nur wenigen Menschen aus eigener Kraft, sich von solchen destruktiven Glaubenssätzen zu befreien.

Typisch für Menschen, die mit solchen Glaubenssätzen behaftet sind, sind oftmals dann vorschnelle Beschwichtigungen, so nach dem Motto: „Ach, das ist doch alles gar nicht so schlimm...". Doch, es ist eben erkennbar sehr wohl schlimm, da solche Menschen gar kein Gespür mehr dafür haben, zu merken, wie unnötig und unsinnig sie durch viele negative Glaubenssätze in der persönlichen Entwicklung ausgebremst werden.

Warum wehren Menschen so offensichtlich erkennbare

„Störungen" oftmals reflexhaft und pauschal ab? Einerseits deshalb, weil es bequemer und schneller ist, „flott zu kontern", andererseits entscheidend aber – zumeist unbewusst – aus Angst, weil sie nämlich bei einem offenen und selbstkritischen Umgang mit einer so zentralen Frage nicht selten das eigene, bisherige Denken und Handeln infrage stellen müssten. Und genau das kostet zunächst einmal Kraft, und ist mitunter auch unbequem.

Allerdings – und das wird nur zu oft vergessen – führt einzig und allein eine selbstkritische Reflexion eigener Denk- und Verhaltensmuster perspektivisch dazu, eigene „Baustellen" systematisch und konstruktiv in etwas Positiveres zu transformieren.

Typische Abwehrmechanismen, wie beispielsweise Rationalisierungen, mit denen objektiv unsinnige oder schädliche Denk- und Verhaltensweisen „begründet" werden sollen, lösen keine Probleme, sondern schaffen deren neue.

Von daher ist es elementar wichtig, zu erkennen, dass ein Verlassen eines ebenso objektiv wie subjektiv massiv belastenden „Teufelskreises", in dessen Verlauf gebetsmühlenartig Fehler geleugnet, und somit zwangsläufig immer wiederholt werden, nur dann möglich ist, wenn die Bereitschaft besteht, eigenes Denk- und Handeln kritisch zu reflektieren.

Weil es sich dabei – je nach Schweregrad – um eine schwierige Aufgabe handeln kann, die nicht jeder Mensch allein für sich zu lösen vermag, ist es wichtig, sich von einem der ebenso dümmsten wie schädlichsten Vorurteile zu lösen, das sinngemäß lautet:

„Ich bin doch nicht verrückt! Was soll ich denn bei einem Psychologen oder bei einem Psychotherapeuten?"

Bedenke: Nicht diejenigen, die so klug und so mutig sind, fachkompetente Hilfe in Anspruch zu nehmen, sind „neben der Spur", sondern vielmehr solche Menschen, die – das ist der Regelfall – mangels besseren Wissens – nicht selten aus der eigenen Angst und Unfähigkeit heraus solche unsinnigen und vor allem nicht selten höchst schädlichen Ratschläge erteilen.

Ein Mensch, der selbstkritisch erkennt, und zumeist sehr genau spürt, dass „etwas nicht stimmt", und sich dann dazu entschließt, professionelle Hilfe in Anspruch zu nehmen, ist alles andere als schwach. Nein, vielmehr zeigt ein solcher Mensch persönliche Stärke. Es erfordert Mut und eine gehörige Portion Vertrauen, sich einem Menschen gegenüber zu öffnen, und frei und ehrlich über solche Dinge zu sprechen, die objektiv nicht selten massiv belasten; bis hin zu Schweregraden, die oftmals in schweren Depressionen – inkl. typischer „Nebenwirkungen" (Stichwort: Suizidalität) münden.

Hilfreich und verantwortungsbewusst handeln demnach eben gerade nicht solche Menschen, die objektiv psychisch labile bzw. psychisch kranke Menschen vorschnell, plump und fachlich unsinnig beschwichtigen, sondern vielmehr solche, die einen ebenso fachlich kompetenten, wie menschlich zugewandten Blick haben.

In diesem Zusammenhang drängt sich auch der bekannte Spruch auf: „Der Prophet gilt nichts im eigenen Land."

Bezogen auf das ebenso komplexe wie anspruchsvolle Thema psychischer Störungsbilder lautet deshalb aus guten Gründen eine zentrale Empfehlung:

Im Bedarfsfall ist es zumeist besser bzw. oftmals sogar unabdingbar, dass eine neutrale, professionelle Hilfe in Anspruch genommen werden sollte, so dass eine größere emotionale Distanz gewahrt werden kann.

45. *Lerne zu schätzen, was du hast, bevor du es verlierst.*

Missfällt es dir auch, in einer Welt zu leben, die primär und entscheidend oftmals nur nach dem Motto lebt: Immer mehr, immer höher, immer schneller, immer weiter, immer billiger?

Eine Gesellschaft, deren zentrales Leitmotiv die Gier nach immer mehr ist, zerstört perspektivisch nicht nur die eigenen Lebensgrundlagen, sondern entscheidend sich selbst.

Sowohl hinsichtlich materieller Dinge, wie vor allem auch für menschliche Aspekte sollte sich dein Denken und Handeln danach ausrichten, wertzuschätzen, welch reiche Gabe dir das Leben schon bis heute geschenkt hat.

Sei achtsam, und bedenke, dass es keineswegs selbstverständlich ist, in einem Teil dieser Welt leben zu dürfen, in dem es dir – trotz vieler objektiv schlechter Aspekte – alles in allem außergewöhnlich gut geht. Damit ist nicht gemeint, dass du nun Tag für Tag gebückt durch die Welt gehen sollst, und dich deines Reichtums schämen sollst, wohl aber, dass du deutlich bewusster und achtsamer mit so vielen Dingen deines Lebens umgehen solltest, die – auch du – vermutlich bisher für selbstverständlich gehalten hast?!

Insbesondere für Menschen, die in dein Leben getreten sind, die dich auf unterschiedlichen Ebenen konstruktiv dabei unterstützen, dein in dir angelegtes Potenzial zur Blüte zu bringen, solltest du sehr dankbar sein. Wie wertvoll der eine oder andere Mensch für dich tatsächlich ist, wirst du hoffentlich nicht erst dann merken, wenn er – aus welchen Gründen auch immer – urplötzlich verschwunden sein wird.

Im Fall materieller Aspekte wird es oftmals so sein, dass du Verlorengegangenes ggf. ersetzen kannst. Bei Menschen hingegen ist das grundsätzlich ausgeschlossen.

Schon allein diese Tatsache zeigt deutlich, dass Menschen im Zweifelsfall sehr viel wertvoller sind, als jeder noch so „wertvolle" materielle Gegenstand.

Schaut man sich in weiten Teilen unserer Gesellschaft um, könnte man nicht selten den Eindruck gewinnen, es sei exakt umgekehrt. Da ist es gar nicht mal so selten, dass manche Männer ihr Auto offenbar mehr lieben, als ihre Frau. Oder Frauen, die ein Shoppingerlebnis als etwas Wertvolleres erleben als beispielsweise ein anregendes Gespräch mit ihrem Mann.

Mache dir bewusst, wie äußerst wertvoll so viele Dinge in deinem Leben sind, die du bisher oftmals gedankenlos für eine Selbstverständlichkeit gehalten hast.

Sei achtsam, und wertschätze deine Mitmenschen; nicht erst zu einem Zeitpunkt, an dem sie – womöglich sehr plötzlich – das Zeitliche segnen, sondern klugerweise zu Lebzeiten.

Immer wieder ist zu beobachten, dass dann zu einem unabänderlichen Zeitpunkt X das große Jammern beginnt, so nach dem Motto: „Ach, hätte ich doch früher diesem Menschen mehr Aufmerksamkeit geschenkt..."

Sei dankbar für alles Gute und Schöne, das dir in diesem Leben geschenkt wird. Bedenke, dass letztlich alles nur „geliehen" ist, und du nichts und niemand mit auf eine „große Reise" nehmen kannst, die auch zu deinem Leben gehört. Gerade deshalb bekommen Menschen und Dinge erst ihren wahren Wert.

46. *Kleine Dinge im Leben sind die größten Geschenke, auch wenn es nur das Lachen eines Kindes ist, denn man kann sicher sein, dass es echt ist.*

Sieh dich um, und du wirst feststellen, dass es oftmals die vermeintlich kleinen Dinge sind, die dir den Tag erhellen.

Zumeist sind es nicht die vermeintlich großen Geschenke, die über einen materiell hohen Wert verfügen, sondern eher viele kleine Aufmerksamkeiten, die dafür sorgen, dass Menschen möglichst viele schöne Momente im Alltag erleben.

Nicht zuletzt die wissenschaftliche Forschung hat belegt, dass beispielsweise das persönliche Glücksempfinden von Lotto-Millionären nur eine vergleichsweise kurze Halbwertszeit hat.

Nach einer anfänglich zumeist euphorischen Freude, sinkt das Glücksempfinden binnen recht kurzer Zeit (kaum mehr als zwei Jahre!) wieder auf das zuvor vorhandene Niveau. Dagegen sorgen vermeintlich kleine Geschenke, die keineswegs automatisch und durchweg materieller Art sein müssen, für sehr viel häufigere und dauerhaftere Glücksmomente.

Ein freundliches Lächeln, ein achtsames Wort, viele kleine praktische Hilfen im Alltag, ehrenamtliche Tätigkeiten sowie nicht zuletzt ein bewusstes Verschenken deiner kostbaren Zeit, das alles, und vieles mehr, trägt entscheidend dazu bei, dass du sowohl das Leben deiner Mitmenschen, als auch dein eigenes Leben deutlich freundlicher gestalten kannst.

Worauf wartest du noch?

47. Menschen ersetzen dich, und tun so, als wäre nichts geschehen.

Ist dir auch schon aufgefallen, dass in weiten Teilen dieser Welt – vor allem in der westlich geprägten Welt – Menschen oftmals nur noch als bedeutungslose Nummern wahrgenommen werden?

Immer häufiger ist zu beobachten, dass Menschen primär nur noch als Kostenfaktoren betrachtet werden, die um jeden nur möglichen Preis gedrückt werden müssen. Warum das alles? Nun, vor allem deshalb, damit eine vergleichsweise kleine, skrupellose selbsternannte Machtelite noch mehr Reichtümer anhäufen kann; zusätzlich zu den ohnehin schon in schamloser Art und Weise vorhandenen Dukaten-Bergen, die schon längst immer absurdere Größenordnungen angenommen haben.

Die Entfremdung der Menschen von deren wahrem Selbst hat längst sehr bedenkliche Züge angenommen. Geradezu tragisch ist es, dass sehr viele Menschen infolge eines „Eingebunden-Seins-in-ein-Hamsterrad" oftmals erst gar nicht mehr die Zeit und Muße finden, um kritisch zu reflektieren.

Immer wieder ist zu beobachten – Tendenz steigend – dass viele Menschen über so allerlei unmenschlicher werdende Rahmenbedingungen klagen (oftmals sehr zu recht!), ohne jedoch zugleich verstehen zu können (zu wollen?!), dass sie selbst es u. a. sind, die durch ein zumeist unreflektiertes, lemminghaftes Verhalten entscheidend Zustände immer weiter zementieren, die ebenso schleichend wie systematisch zunehmend destruktivere Kräfte entfalten.

Dass dieser bedenkliche Trend längst in vollem Gange ist, lässt sich nicht mehr ernsthaft bestreiten. Jeder Mensch, der sich nicht von einem oftmals vernebelnden Mainstream einlullen lässt, wird schon längst gemerkt haben, welch perfides „Spiel" hier mit immer weiteren Teilen der Menschheit getrieben wird.

Die dümmsten sowie zugleich destruktivsten Aussagen, die bedenklicherweise von vielen Menschen unkritisch nachgeplappert werden, lauten sinngemäß:

„Was soll ich denn da als einzelner Mensch machen? Da kann man nichts daran ändern. Das war schon immer so, und das ist eben so. Ich habe keine Zeit, um mich darüber zu informieren, warum sich viele Dinge so entwickeln, wie sie sich entwickeln."

Aus solchen Aussagen sprechen Ignoranz, Trägheit, Naivität sowie nicht zuletzt eine perspektivisch verhängnisvolle Lethargie. Vor den Konsequenzen, die eine solche Geisteshaltung geradezu zwangsläufig produzieren, wird sich perspektivisch kaum mehr jemand retten können. Schon heutzutage ist es unübersehbar so, dass mehr und mehr Menschen durch das „soziale Netz fallen". Dabei handelt es sich schon längst keineswegs mehr ausschließlich und primär um Menschen aus dem sog. Prekariat. Nein, immer häufiger sowie mit immer erschreckenderer Geschwindigkeit fallen Menschen aus der sog. „Mittelschicht" durch das „soziale Netz".

Ebenso bedenklich, wie letztlich unnötig ist es nicht zuletzt, zu erkennen, dass davon tendenziell immer mehr Menschen betroffen sein werden, die sich – noch immer – in einer vermeintlichen Sicherheit wähnen. Dass eine solche Fehleinschätzung ein böser Bumerang wird, werden wohl viele Menschen erst dann realisieren, wenn sie unmittelbar persönlich betroffen sein werden.

Noch immer leben viel zu viele Leute mit der Einstellung: „Was soll's? So lange bei mir genug im Kühlschrank ist, so lange ich täglich meinen TV-Konsum befriedigen kann, so lange es mir persönlich noch gut geht, interessiert mich das alles nicht."

Abgesehen davon, dass eine solche Einstellung auch menschlich bedenklich ist, ist sie vor allem sträflich ignorant und dumm zugleich. Niemand soll ernsthaft glauben, sie oder er lebten in einem sicheren Kokon, der dauerhaft Schutz gegen einen längst unübersehbar bedenklichen Trend böte.

Klüger, effektiver und zielführender ist es, wenn jeder einzelne Mensch – beginnend im eigenen Umfeld – ernsthaft danach Ausschau hielte, was er besser bzw. anders machen könnte. Getreu dem Motto: „Steter Tropfen höhlt den Stein", möge sich jeder Mensch verdeutlichen, dass auch er mit dazu beiträgt, dass sich viele Dinge in einer zunehmend schlimmeren Art und Weise entwickeln.

Das allermeiste dessen, was – oftmals sehr zu recht – beklagt wird – ist nicht „über Nacht urplötzlich aus den Wolken auf die Menschen herab gefallen", sondern vielmehr die ebenso logische wie unaufhaltsame Konsequenz eines viel zu lang schon praktizierten ignoranten und sträflich dummen Verhaltens vieler Menschen.

Lass nicht zu, dass der Trend zur Entmenschlichung immer weiter und schneller fortschreitet.

Bedenke: Für die Welt im Ganzen bist Du nur ein „Staubkörnchen". Für einige wenige Menschen bist du jemand ganz Besonders. Und für vermutlich für *einen* Menschen bist du die Welt.

**48. *Der brüllende Mensch möchte gefährlich wirken,
doch der schweigende Mensch kann gefährlich sein.***

Vermutlich kennst du auch Menschen, die durch ein
auffällig lautes und polterndes Auftreten als möglichst
stark erscheinen möchten?!

Menschen, die auffällig laut sprechen, nicht selten gar
brüllen, sobald ihnen etwas im Rahmen einer
Argumentation nicht gefällt, sind weit entfernt davon,
wahrhaft stark zu sein.

Vielmehr wollen sie dadurch – zumeist unbewusst –
eine schwache Persönlichkeit hinter einer vordergründig
stabil erscheinenden Fassade verstecken. Im Grunde
genommen handelt es sich bei solchen Menschen um
solche, die über ein wenig ausgeprägtes
Selbstbewusstsein verfügen. Kompensatorische
Verhaltensweisen, wie beispielsweise eine auffällige
lautstarke Sprache, aufplusternde Gesten, eine
übertriebene Mimik usw., das alles sind zumeist
untrügliche Signale dafür, es mit einem Menschen zu
tun zu haben, der in seinem Wesenskern zutiefst
verunsichert ist.

Ein wahrhaft charakterlich starker und selbstbewusster
Mensch wird es nicht nötig haben, sich und sein Wesen
durch übertrieben auffällige Wesensmerkmale in den
Vordergrund zu drängen. Vielmehr zeichnen sich
wahrhaft starke Persönlichkeiten vor allem dadurch aus,
dass sie eher bescheiden und demütig auftreten.

Gefährlich sind nicht selten vor allem solche Menschen,
die in der Außenwirkung eher unauffällig wirken, die
jedoch über eine zuweilen erheblich ausgeprägte
Intelligenz verfügen, und diese für zweifelhafte oder gar

schädliche Zwecke einsetzen.

Niemand soll so naiv sein, zu glauben, dass sich primär und vor allem aus vordergründig zu erkennenden Merkmalen auf die Stärke eines Menschen schließen ließe. Vielmehr entscheidend ist es, ein oftmals komplexes „Puzzle" verschiedenartigster Verhaltensweisen im Kontext zu beobachten.

Fundamental entscheidend ist – im Kleinen, wie im Großen – welche Motive dem Denken und Handeln eines Menschen zugrunde liegen?

Besonders gefährlich sind Menschen, die einerseits über eine hohe Intelligenz verfügen, die jedoch in Kombination mit schlechten oder gar bösen Motiven agieren.

Menschen dagegen, die laut polternd kommunizieren, die nicht selten „einfacher gestrickt sind", sind zumeist leichter und schneller hinsichtlich zugrundeliegender Motive zu erkennen.

Ideal ist, wenn Menschen auf der Grundlage ehrenwerter Motive achtsam, gelassen, angstfrei, wutfrei und zielstrebig agieren. Leider ist diese Kombination oftmals gar nicht oder nur höchst rudimentär ausgeprägt.

Eine oftmals zu hörende Aussage, die sinngemäß sagt: „Ich kann nicht anders, ich bin eben so...", lässt sich nahezu immer als eine ebenso faule, wie inhaltlich unsinnige Aussage entlarven.

Entscheidend ist – vor allem als erwachsener Mensch – selbstkritisch zu erkennen, dass Aussagen dieser Art vor allem nur davor schützen sollen, sich nicht ernsthaft mit einem zuweilen eigenen, bedenklichen Kommunikationsstil auseinandersetzen zu wollen. Bei genauerem Hinsehen „schützt" eine solche Ignoranz lediglich davor, in einem zuweilen destruktiven, unnötigen, unsinnigen sowie oftmals krankmachenden Kommunikationsverhalten zu verharren, anstatt objektiv vorhandene Entwicklungsmöglichkeiten der eigenen Persönlichkeit konstruktiv und vor allem bewusst zu nutzen.

Gründe für Aggressionen gibt es sehr wohl zu recht. Entscheidend ist jedoch, zu erkennen, dass aggressives Verhalten grundsätzlich und ausnahmslos niemals Probleme löst, sondern vielmehr deren neue schafft.

Aggressionen, die du nach außen trägst, sind zwar für deine Mitmenschen zumeist schneller und klarer zu erkennen, als Aggressionen, die du im Sinne einer Autoaggression gegen dich wendest; beiden gemeinsam ist jedoch, dass sie in der Konsequenz destruktiv sind.

Mit einer nach außen getragenen Aggression schädigst du im Regelfall andere Menschen; nicht selten auch solche, die du - mit einem gewissen zeitlichen Abstand - vielleicht gar nicht wirklich schädigen wolltest.

Eine nach Innen gerichtete Aggression, eine sog. Autoaggression, wirkt sich vor allem und insbesondere perspektivisch sehr gesundheitsschädlich aus. Menschen, die über längere Zeiträume eine nach Innen gerichtete Aggression in sich tragen, schädigen zunächst unmittelbar sich selbst sowie mittelbar vor allem solche Menschen, die sich in deren direktem Umfeld bewegen.

Nicht ohne nachvollziehbare Gründe haben

psychosomatische Beschwerden seit geraumer Zeit signifikant zugenommen. Tragisch und vor allem in den allermeisten Fällen unnötig ist, dass leider so viele Menschen infolge unsinniger Vorurteile gegenüber professionellen psychotherapeutischen Heilverfahren eine oftmals unbestreitbar erkennbar, dringend nötige Hilfe verweigern.

Auch hier sind – wie leider so oft – vor allem tiefsitzende Ängste ursächlich dafür verantwortlich, dass sich Menschen auffällig selbstschädigend dagegen wehren, professionelle Hilfe anzunehmen, die entscheidend dazu beitragen könnte, einem zumeist massiv einengenden Kokon zu entkommen, der das eigene Entwicklungspotenzial auf ebenso klar erkennbare, wie unsinnige und unnötige Art und Weise empfindlich einschränkt.

Bedenke: Im Gegensatz zu dem, was vor allem Menschen vorschnell und letztlich unbegründet oftmals sagen, dass eine professionelle psychotherapeutische Hilfe unnötig sei, ist es vielmehr so, ist es vor allem ein klares Zeichen persönlicher Stärke, zu erkennen, *dass* man in einem zentralen Bereich des Lebens zuweilen „Impulse von außen braucht". Menschen, die eine professionelle Hilfe bewusst suchen, sind alles andere als schwach. Schwach sind vielmehr solche Menschen, die zumeist wider besseres Wissen, unsinnige „Ratschläge" erteilen, die vor allem und zumeist immer darauf gründen, selbst von einer mehr oder weniger diffusen Angststruktur geprägt zu sein.

Ein Mensch, der dir wahrhaft Gutes angedeihen lassen möchte, wird den Mut haben, offen und klar zu sagen, wenn er Verhaltensmuster erkennt, die den Grad eines „noch grünen Bereichs" signifikant überschreiten.

Menschen, die das erkennen, und es nicht klar kommunizieren, sind vor allem feige.

Ja, es ist unbestreitbar zunächst unbequem oder gar emotional schmerzhaft, zu erkennen, dass eigene Denkhemmungen das eigene Leben in vielen Bereichen empfindlich ausbremsen. Das muss nicht sein! Du kannst es ändern! Jetzt!

49. Leben ist das, was passiert, während du eifrig dabei bist, andere Pläne zu machen.
(John Lennon)

Hast du dich auch schon dabei ertappt, vielfältige Pläne zu schmieden, ohne zu merken, dass du vor lauter Zukunftsplanung das Leben im Hier und Jetzt verpasst?

Pläne zu schmieden für deine Zukunft ist − vor allem dann, wenn es zentrale Bereiche des Lebens betrifft − sehr wohl sinnvoll. Keine Frage.

Allerdings verlieren sich manche Menschen in einem schier endlosen Strudel des Pläne-Schmiedens, ohne zu registrieren, dass einzig das Hier und Jetzt bewusst und konkret wahrgenommen werden kann.

Menschen, die gedanklich immer schon einen oder mehrere Schritte voraus agieren, erleben sich nicht selten als Getriebene. Sie hetzen von einem Ereignis zum nächsten, und vergessen darüber, aktiv und bewusst die Schönheit und Intensität eines aktuellen Augenblicks wahrnehmen zu können.

Eine solche Verhaltensweise bietet ebenso zwingend wie unaufhaltsam eine zweifelhafte Garantie dafür, dass das eigene Leben wie ein Film schier endloser Momente achtlos an dir vorbeizieht.

Getreu dem Motto: „Weniger ist oftmals mehr", tust du dir selbst den größten Gefallen, wenn du erkennst, dass eben gerade nicht die Quantität erlebter Ereignisse, sondern vielmehr die Qualität bewusst wahrgenommener Ereignisse es ist, die dir zu einem erfüllten Leben verhelfen wird.

Nicht zuletzt neuere Medien, wie beispielsweise die oftmals inflationär genutzten Smartphones, tragen erkennbar und unzweifelhaft entscheidend mit dazu bei, dass sich viele Menschen systematisch und schleichend von dem entfernen, was eine wertvolle, menschliche Kommunikation im Kern auszeichnet.

Schau dich um, und immer häufiger wirst du beobachten, dass sich die Kommunikation sehr vieler Menschen in einer Art und Weise verändert hat, die nicht selten als bedenklich bezeichnet werden muss.

Um hier keinem Missverständnis aufzusitzen: Es geht nicht darum, neue Technologien pauschal und undifferenziert zu diskreditieren. Vielmehr geht es darum, zu erkennen – und das ist definitiv unbestreitbar – dass oftmals ein verantwortungsvoller, bewusster, sinnvoller und kluger Umgang mit eben solchen Möglichkeiten gar nicht, oder nur in bescheidenem Ausmaß zu konstatieren ist.

Bedenke: Was immer du auch planen magst, die wahrhaft wesentlichen Aspekte deines Lebens liegen nicht in deiner Hand. Das mögen viele Menschen als eine narzisstische Kränkung erleben, ändert jedoch faktisch nichts daran, dass es so ist.

Willst du klug sein, dann mach dich nicht zur Sklavin / zum Sklaven eines vermeintlichen Sicherheitsgefühls, das du durch schier endlose Planungen zu erreichen können glaubst. Genau das kannst du nämlich nicht!

Genieße dein Leben, und verschwende nicht unnötig viel Kraft und Zeit vor allem für nicht selten dir aufoktroyierte „vermeintliche Sicherheiten", die es faktisch so nicht gänzlich gibt. Angst – ganz gleich, in welcher Form sie auftritt – ist in den allermeisten Fällen ein denkbar schlechter Ratgeber, von dem du dich bewusst befreien solltest. Jetzt!

50. Du siehst die Welt nicht so wie sie ist, du siehst die Welt so wie du bist. (Mooji)

Hast du schon einmal ernsthaft darüber nachgedacht, dass die Dinge und Ereignisse in deinem Leben letztlich nicht so sind, wie du denkst, dass sie sind, sondern dass sie dir vielmehr vorgaukeln, das du sein, von dem du denkst, sie seien es?!

Das, was hier auf den ersten Blick vielleicht ein wenig kompliziert erscheinen mag, hat eine ebenso unbestreitbare, wie vor allem elementar wichtige Bedeutung, für die Art und Weise, wie du Dinge bewertest.

Bedenke, dass sämtliche Sinneseindrücke, ganz gleich, ob sie optischer, akustischer, taktiler, olfaktorischer, gustatorischer oder sonstiger Art sein mögen, schlussendlich nichts anderes sind, als codierte Informationen, die dann in deinem Gehirn zu dem zusammengesetzt werden, was du als Realität wahrzunehmen glaubst.

Eine solche Erkenntnis ist alles andere als trivial, denn sie hat weitreichende Konsequenzen für die Art und Weise, wie Menschen sich selbst wahrnehmen.

Von daher lohnt es sich, einen etwas genaueren Blick auf diesen Tatbestand zu richten, der vor allem dazu beitragen kann, dass du sehr viel achtsamer mit deiner vermutlich bisher so sicher geglaubten „richtigen Wahrnehmung" umzugehen verstehst.

Das, was du als deine Realität wahrzunehmen glaubst, ist zunächst einmal nichts anderes, als das, was dein Gehirn aus den unzähligen Sinneseindrücken produziert

– nicht mehr, und nicht weniger.

Von daher solltest du sehr sorgsam unterscheiden zwischen dem, was du als deine Realität zu erkennen glaubst, und dem, was eine dich umgebende Realität verifizierbar auszeichnet. Nahezu immer wird sich zeigen, dass diese beiden „Realitäten" - wenn überhaupt – nur in sehr kleinen Schnittmengen übereinstimmen.

Betrachten beispielsweise zehn Menschen einen objektiv gleichen Tatbestand, gibt es deren zehn subjektive „Realitäten", wobei jeder einzelne Mensch zumeist ungeprüft davon ausgehen wird, dass seine Sicht der Dinge den Tatsachen entspricht. Dem ist aber – wie sich immer wieder leicht nachweisen lässt – mitnichten so.

Sämtliche Sinne des Menschen vermitteln nur einen verschwindend geringen Teil des objektiv vorhandenen Realitätsspektrums, so dass deine Wahrnehmung – so plausibel sie dir auch erscheinen mag – immer und grundsätzlich jeweils nur einen winzigen Ausschnitt dessen zu vermitteln vermag, was einen Begriff auszeichnet, denn die meisten Menschen wie selbstverständlich – und nahezu immer falsch – verwenden: Realität.

Eine derartige Feststellung ist keineswegs sprachlich spitzfindig, sondern sie beschreibt eine ebenso elementare wie nicht ernsthaft zu leugnende Tatsache, die enorme Auswirkungen hat.

Ganz gleich, ob du beispielsweise den Sehsinn betrachtest, oder vielleicht den Hörsinn, immer wirst du bestätigen müssen, dass du nur einen winzigen Teil des tatsächlich vorhandenen Frequenzspektrums wahrnehmen bzw. verarbeiten kannst. Merkst du, dass du demnach unmöglich davon ausgehen kannst, dass das, was du als Realität wahrzunehmen können glaubst, tatsächlich *die* Realität ist?! Das wäre nicht nur sachlich falsch, sondern vor allem auch ignorant und anmaßend. Ebenso, wie du demnach unmöglich ernsthaft davon ausgehen kannst, dass die von dir wahrgenommenen Sinneseindrücke die Realität auch nur annähernd vollständig abbilden, so gilt Entsprechendes für die Verarbeitungsvorgänge in deinem Gehirn.

Dein Gehirn, das nach dem bisherigen Kenntnisstand als die komplexeste Struktur des bisher bekannten Universums angesehen werden kann, verarbeitet sämtliche Sinneseindrücke auf der Grundlage einer hochkomplexen neuronalen Struktur.

Die tatsächliche Zahl sog. Neuronen (Nervenzellen), die zu einem gigantischen Netzwerk verschaltet sind, schwankt – je nach zugrundeliegender Quelle – zwischen etwa 100.000.000.000 und 200.000.000.000 (einhundert bis zweihundert Milliarden!). Das entspricht in etwa der Anzahl der Sterne (Sonnen) in unserer Heimatgalaxie, der Milchstraße.

Kurz: Eine schier gigantische Zahl, die sich die meisten Menschen kaum mehr konkret vorzustellen vermögen. Weiterhin ist jedes einzelne Neuron im statistischen Mittel mit etwa 10.000 weiteren Neuronen vernetzt. Insgesamt entsteht somit ein Netzwerk von sprichwörtlich astronomischen Ausmaßen.

Wichtig für das hier angesprochene Thema einer „wahrgenommenen Realität" ist vor allem die Erkenntnis, dass keine zwei Gehirne auf dieser Welt identisch sind. Zwar gibt es großflächige, strukturelle

Gemeinsamkeiten, doch – und das ist letztlich entscheidend – jedes menschliche Gehirn verarbeitet eintreffende Sinnessignale unterschiedlich. Die ebenso logische, wie unbestreitbare Konsequenz ist, dass es somit auch zu unterschiedlichen Bewertungen und Einschätzungen dessen kommt, was Menschen nur allzu leicht und viel zu vorschnell als „die" Realität zu erkennen glauben.

Vor diesem Hintergrund ist es erstaunlich, dass sich Menschen – glücklicherweise – oftmals „gut verstehen". Selbstverständlich ist das keineswegs.

Möglich wird das vor allem durch einen regen kommunikativen Austausch, in dessen Verlauf sich Sichtweisen und Einschätzungen im Laufe gemeinsamer Zeit erkennbar und nachweislich anpassen.

Warum ist das so? Nun, dazu musst du wissen, dass Lernprozesse im Gehirn vor allem und im Wesentlichen dadurch ausgelöst werden, indem aufgrund chemischer Prozesse (Neurotransmitter) Botenstoffe über die synaptischen Spalte (das sind die Verbindungsstellen zwischen den Neuronen) ausgetauscht werden.

Einfach gesprochen: Impulse, die häufiger angeregt werden (z. B. mittels konstruktiver Gespräche oder aufgrund positiver Erfahrungen), verstärken die Verbindungen zwischen den betreffenden Neuronen. In der Konsequenz führt das dann zu einer Stärkung solchen Wissens, das häufiger angeregt wird.

Auch den gegenteiligen Effekt gibt es: Nervenverbindungen, die nicht oder nur sehr selten gefordert werden, verkümmern mit der Zeit. Nicht zuletzt mit Blick auf das auch gesellschaftsrelevante

Thema zunehmender Demenzerkrankungen, ist diese Erkenntnis sehr wichtig.

Bedenke: Was immer du auch als Realität wahrzunehmen glaubst, ist – ohne Wenn und Aber - „nur" ein Modell der Realität, dass dir dein höchst individuelles Gehirn als deine Realität anbietet.

Bitte, vergiss das nicht. Niemals!

51. Das Leben ist wie eine Ballonfahrt. Manchmal muss man erst Ballast abwerfen, um wieder steigen zu können.

Vielleicht kennst du das sehr lebenskluge Musikvideo der Gruppe „Silbermond", mit dem Titel „Leichtes Gepäck"?!

Falls nicht, dann kannst du es dir über den folgenden Link über die YOUTUBE-Plattform anschauen:

https://www.youtube.com/watch?v=ohHJjPSsW8c

Im Kern geht es darum, bewusst wahrzunehmen, dass nahezu alle Menschen – so auch vermutlich du – viele Dinge im Lebensgepäck mit sich herum schleppen, die du weder tatsächlich brauchst, noch, dass sie dich in deiner persönlichen Entwicklung konstruktiv voran bringen.

Dabei geht es keineswegs nur und ausschließlich um so allerlei materielle Dinge, mit denen du deine Wohnung oder dein Haus vollgepackt hast, sondern es geht nicht zuletzt auch um mental belastendes Gepäck, dass dir dein Leben nicht selten – zuweilen subtil – unnötig beschwert.

Gib dir bitte selbst die Chance, und durchforste dein Leben hinsichtlich so mancher Dinge, die sich bei genauerer Betrachtung oftmals nur noch als Belastung darstellen. Spüre, wie heilsam und befreiend es sein kann, deine Wohnung oder dein Haus von so manchen Dingen zu befreien, die du womöglich schon seit gefühlt ewiger Zeit nicht mehr aktiv genutzt hast, und die nur unnötig Platz beanspruchen.

Überprüfe deine Gedanken, und du wirst feststellen, dass es mit an Sicherheit grenzende Wahrscheinlichkeit auch in deinem Leben so manch unsinnige, nicht selten sogar subtil destruktiv wirkende Glaubenssätze gibt, die dich in der dir prinzipiell möglichen Persönlichkeitsentwicklung empfindlich hemmen.

Lass nicht grundlos zu, dass dich „Gedankengeister" aus deiner Vergangenheit im Hier und Jetzt davon abhalten, einen fortan besseren, erbaulicheren und klügeren Lebensweg zu wählen. Es ist möglich; vorausgesetzt, du verharrst nicht in deinem Denk-Kokon.

Mentalen Ballast abzuwerfen hat etwas ungemein Befreiendes.

Warum möchtest du freiwillig und ohne seriös erkennbaren Grund darauf verzichten, deinem Leben eine selbstbestimmte Richtung zu geben, die womöglich bisher durch ungünstige – ggf. sogar infolge traumatischer – Erfahrungen empfindlich eingeschränkt gewesen ist?

Bedenke: Es gibt keine ernstzunehmenden Gründe dafür, dass du dich aufgrund schädlicher Glaubenssätze weiterhin in deiner persönlichen Entwicklung über Gebühr beschneidest. Es ist weder klug, noch nötig, dass du bis zum Sankt Nimmerleinstag in deinem selbstgewählten Denk-Gefängnis verharrst.

Befreie dich von unnötigen, schädlichen und einengenden Denk- und Verhaltensweisen. Entschlacke dein Denken von vermeintlich Sicherheit spendenden Denkkorsetten. Fokussiere dein Denken und Handeln auf Menschen, die dich in deiner persönlichen

Entwicklung entscheidend voran bringen.

Wirf schädigenden Ballast ab. Am besten, du beginnst sofort damit. Worauf willst du noch warten...?!

52. Das Leben ist nicht zu Ende, nur weil ein Traum nicht in Erfüllung geht. Es hat nur einen Weg versperrt, damit man einen anderen wählt.

Vermutlich hast du auch schon mal der einen oder anderen Situation in deinem Leben nachgetrauert, die sich zunächst als vermeintlich schlecht gezeigt hatte, bei der sich jedoch zuweilen im weiteren Verlauf gezeigt hat, dass sie dir neue, bis dahin ungeahnte Wege eröffnet hat, an die du bis dahin so gar nicht gedacht hast?!

Bedenke: Ein Traum, der zerplatzt, muss nicht automatisch, und schon erst recht nicht zwingend schlecht oder gar beklagenswert sein. Vielmehr wird es zuweilen so sein, dass dich ein „geplatzter" Traum womöglich vor einer Fehlentscheidung bewahrt; auch und gerade dann, wenn du womöglich emotional verblendet gewesen sein magst.

Nicht selten ist es im Leben so, dass Situationen, die du zunächst als ungünstig, schlimm, ärgerlich oder traurig wahrnimmst, sich im weiteren Verlauf deines Lebens geradezu als „glückliche Fügung" herausstellen werden.

Hab Vertrauen in eine auch dich lenkende Kraft, die dich und deine Wege führt; auch und gerade dann, wenn du es vielleicht am wenigsten erwartest.

Klebe nicht unnötig lang an zerplatzen Träumen, sondern bedenke, dass auch in deinem Leben „geplatzte Träume" nicht selten das Potenzial einer guten und glücklichen Transformation in sich tragen.

Verharre nicht in der Vergangenheit, denn diese kannst du – so sehr du es dir vielleicht auch wünschst – nicht ändern. Verändern jedoch kannst du dein Denken im Hier und Jetzt. Nutze deine Chance.

Nachwort

Liebe Leserin, lieber Leser,

falls Sie dieses kleine Buch nun vollständig und sorgsam gelesen haben, werden Sie vermutlich die Erfahrung gemacht haben, dass Sie einigen Interpretationen zustimmen können, anderen gegenüber eine eher neutrale Haltung einnehmen, und einer dritten Gruppe mit Widerspruch begegnen.

Das ist gut so.

Wie eingangs schon gesagt, war und ist es nicht das Ziel gewesen, Interpretationen kluger Denkanstöße anzubieten, die für sich in Anspruch nehmen „der Weisheit letzter Schluss zu sein".

Vielmehr ist entscheidend, Sie und andere Leserinnen und Leser dazu anzuregen, sich überhaupt mit wichtigen Denkanstößen zu befassen.

Einerseits deshalb, um Ihren eigenen Horizont zu erweitern. Anderseits auch deswegen, um somit ein klein wenig aktiv dazu beizutragen unsere Erde zu einem lebenswerten Ort im Kosmos werden zu lassen.

Nutzen Sie die Kraft und die Weisheit der hier präsentierten Denkanstöße, indem Sie für sich prüfen, welche der hier vorgestellten Ideen auch Ihr Leben konstruktiv bereichern könnten.

Angebote gibt es ganz sicher.

Sie haben die Wahl.

Buchempfehlung

IQ-Training zur Vorbereitung auf IQ-Tests
Aribert Böhme
ISBN-10:3741250821
ISBN-13:978-3741250828

Erhältlich als gedrucktes Buch sowie als eBook.

- Sie wollen sich auf einen IQ-Test vorbereiten, wie er beispielsweise im Rahmen diverser Bewerbungsverfahren vorkommt?
- Sie möchten anhand verschiedener Übungsaufgaben einen Überblick hinsichtlich typischer Testaufgaben bekommen?
- Sie wünschen sich ein gezieltes Training typischer IQ-Testaufgaben, so dass Sie gut vorbereitet in einen bevorstehenden IQ-Test gehen können?

- Dann bietet Ihnen dieses IQ-Trainingsbuch eine hilfreiche Unterstützung.

Anhand vielfältiger Testaufgaben aus repräsentativen Bereichen typischer IQ-Tests, wie beispielsweise Logik, Sprachverständnis, räumliches Vorstellungsvermögen, Merkfähigkeit usw., bietet Ihnen dieses IQ-Trainings-buch vielfältige Übungsmöglichkeiten.

Kontakt zum Autor:

Psychologische Beratung, Aribert Böhme
Psychologischer Berater (SGD-Dipl.) & Lerncoach
DV-Kfm. & EDV-Dozent & Autor
Mitglied im Who-is-Who Deutschland & Europa
E-Mail: Psychologische_Beratung_Boehme@gmx.de
Internet: www.aribertboehme.de

Notizen